BIBLIOTE[...] CLÁSIC[...] BRUÑ[...]

CW01665878

1835

Don Álvaro o la fuerza del sino

BIBLIOTECA
CLÁSICA
BRUÑO

Don Álvaro o la fuerza del sino

Ángel de Saavedra,
Duque de Rivas

Edición, introducción, notas y actividades
de Rosa María Sáez Vacas

Bruño

Coordinadores de la colección:
Rosa María Sáez Vacas
José Luis Varea Perdiguer

Dirección del Proyecto Editorial:
Trini Marull

Directora Editorial:
Isabel Carril

Coordinadora de Ediciones:
Begoña Lozano

Diseño de la colección:
believearts.com

Ilustración de cubierta:
Andrés Guerrero

Bruño

Juan Ignacio Luca de Tena, 15
28027 Madrid
www.brunolibros.es

ISBN: 978-84-216-7276-1
Depósito legal: M-9715-2012

ÍNDICE

Actividades

Introducción

1. El autor y su época

1.1. Contexto cultural y político

La vida de Ángel de Saavedra, más conocido literariamente como Duque de Rivas, se desarrolla entre 1791 y 1865.

Desde el punto de vista literario, los primeros años, aproximadamente hasta el primer cuarto del siglo XIX, Ángel de Saavedra vivió bajo la influencia neoclásica, que se caracterizaba por el seguimiento estricto de reglas y el control de los sentimientos. A partir de ahí, coincidiendo con los avatares políticos en los que participó activamente, entra en contacto con el Romanticismo, movimiento al que pertenecen sus obras más destacadas. Este movimiento ponía el acento en la libertad del autor en géneros, procedimientos y métrica, al tiempo que daba rienda suelta a las emociones y valoraba la tradición medieval. La obra del Duque de Rivas fue evolucionando de acuerdo con las tendencias culturales de la época.

Desde el punto de vista político, su vida se corresponde con un periodo convulso de la historia de España. En él se vivió la Guerra de la Independencia, que enfrentó entre 1808 y 1814 al ejército francés con el español ante la negativa popular a aceptar en el trono de España al rey José I Bonaparte. Ángel de Saavedra participó en ella desde el comienzo.

Al restablecerse la monarquía con Fernando VII, este suprime la Constitución de Cádiz de 1812, de signo liberal, y se inicia un periodo absolutista, que finaliza en 1820 cuando la sublevación del general Riego provocó el comienzo del Trienio Liberal y que Fernando VII jurara la Constitución que anteriormente había derogado.

En 1823, con la entrada del ejército francés conocido como los *Cien Mil Hijos de San Luis,* Fernando VII reimplanta el absolutismo. Comienza entonces el periodo denominado Década Ominosa, que dio lugar a numerosos destierros de políticos e intelectuales, entre ellos el del propio Duque de Rivas, quien huyó a lugares donde se sumergió de lleno en las ideas románticas tan acordes con su talante liberal. La vuelta de los exiliados en 1833 supone la propagación del movimiento romántico en España.

Pero aún se habrían de vivir más sobresaltos políticos en el periodo citado. En los últimos años del reinado de Fernando VII, se había ido gestando el movimiento carlista en favor de Carlos de Borbón, hermano del rey y su probable sucesor. El nacimiento en 1830 de la princesa Isabel y su consiguiente proclamación como heredera de la Corona frustró sus deseos, y en 1833, muerto ya Fernando VII y siendo regente su viuda María Cristina de Borbón, se produjo el primer levantamiento carlista, localizado sobre todo en Vascongadas, Navarra, Aragón y Cataluña. Ello provocó que el gobierno se confiara a los moderados, pero las pasiones desatadas por la guerra civil que asolaba el norte de España derivaron en explosiones anticlericales y fueron numerosas las quemas, los saqueos y los asesinatos en conventos, lo que culminó entre 1835 y 1837 con la desamortización de los bienes de la Iglesia Católica. Esta expropiación, llevada a cabo por el ministro Mendizábal, quería ser una reforma agraria a fin de estabilizar la suerte de los campesinos, aunque en realidad fueron las clases privilegiadas quienes se beneficiaron de ella.

En 1839 terminaría la primera guerra carlista (Convenio de Vergara). Un año más tarde, con el exilio de María Cristina, el general Espartero inicia una segunda regencia. Y, finalmente, al caer este y para evitar una tercera regencia, se le concede a Isabel II la mayoría de edad a los 13 años.

En los años que abarca este periodo continúan la incertidumbre política y las luchas por el poder entre moderados y progresistas y se vive de nuevo otra guerra carlista de 1846 a 1849.

1.2. Trayectoria vital y literaria del autor

Ángel de Saavedra y Ramírez de Baquedano nació en Córdoba el 10 de marzo de 1791. Era hijo de una familia de abolengo y recibió una educación esmerada y numerosas distinciones, como la de caballero de la

Orden de Malta y de la de Santiago, a edades muy tempranas. Heredó el título de Duque de Rivas a la muerte de su hermano mayor en 1834. Entre tanto, ingresó en el Seminario de Nobles de Madrid, se incorporó al ejército y vivió tan activamente las alteraciones políticas de la Guerra de la Independencia que resultó herido de gravedad en Ocaña (1809). Durante su convalecencia en la casa familiar de Córdoba, escribió y recopiló poemas anteriores. Posteriormente los publicaría en Cádiz, única ciudad no sometida a los francese, bajo el título de *Poesías* (1814); estos poemas revelaban un gusto neoclásico en su mayor parte y en ellos se traslucía cierta fluidez y armonía que dejaban entrever al poeta que habría de ser en el futuro.

Resultó herido una vez más a mano de los franceses en Chiclana (marzo de 1811). Pero finalizada la guerra (1814), disfrutó en Sevilla de un relajado periodo de cinco años dedicados fundamentalmente a la pintura y a la literatura. En ese tiempo escribe las tragedias *Ataúlfo* (1814), prohibida por la censura, *Aliatar* (1816), puesta en escena en Sevilla con gran éxito, y *Doña Blanca* (1817), entre otras, todas ellas sujetas a las normas del teatro neoclásico.

El año 1820 marca, propiciado por su amistad con Antonio Alcalá Galiano, el inicio de su actuación política como diputado liberal por Córdoba y es también la fecha en que aparece la segunda edición de sus *Poesías*.

Finalizado el Trienio Liberal, se produjo una desbandada de personajes de ese signo, entre ellos Alcalá Galiano y Saavedra, quien comenzó un exilio de once años de duración que lo llevó a Gibraltar e Inglaterra y, en un siguiente paso, a Malta, donde residió con su esposa y encontró el clima, la serenidad y el ambiente adecuados para la continuidad de su actividad literaria. Su poema *El faro de Malta* (1825) muestra su evolución hacia un estilo más personal, libre y emotivo.

En Malta conoció a sir John Hookham Frere, antiguo embajador de Inglaterra en España y gran conocedor de nuestra literatura clásica; fue él quien le transmitió su amor por ella y le aficionó a autores ingleses como Shakespeare, Lord Byron y Walter Scott. Fue allí también donde empezó a escribir obras de corte romántico, labor que continuó desde 1830 en París y en otras ciudades de Francia como Orléans y Tours, lugares en los que se familiarizó con el romanticismo francés. En esta última ciudad concluyó su romance *El moro expósito* (basado en la tradición épica de los infantes de Lara) así como otros romances históricos y poesías y, según parece, la primera versión de *Don Álvaro o la fuerza del sino* en prosa, traducida al francés por Alcalá Galiano con el intento de que Próspero Mérimée lograra su estreno en el Teatro de la Puerta de San Martín de París.

Tras la muerte de Fernando VII en 1833 y la aprobación del decreto de amnistía por la reina regente María Cristina, Ángel de Saavedra regresa a España.

A partir de entonces, son numerosos los cargos que ostenta. Cabe destacar su ingreso en la Real Academia Española, cargo coincidente en fechas con la publicación de *El moro expósito* (París, 1834). Un año más tarde (1835) se estrena su *Don Álvaro o la fuerza del sino* y es elegido presidente del nuevo Ateneo de Madrid.

En 1836 fue fugazmente Ministro de la Gobernación, aunque de nuevo debió huir de España, a donde no regresó hasta que la Constitución de 1837 se lo permitió. Le sucede entonces un periodo apartado de la política y dedicado a la creación literaria. Pero más adelante fue alcalde de Madrid y vicepresidente del Senado. El cargo más duradero fue el de embajador de España en Nápoles (1844-1850), periodo personalmente feliz y fecundo para su creación literaria y en el que tuvo de secretario a Juan Valera, más tarde escritor realista y autor de la novela *Pepita Jiménez*.

Vuelto a España, fue nombrado académico de la Real Academia de la Historia (1852), más tarde académico de la Real Academia de Bellas Artes de San Fernando e incluso director de la Real Academia Española (1862). Como dato curioso cabe destacar su designación en 1854 como presidente del Gobierno, cargo en el que permaneció tan solo dos días.

Los últimos años, desde 1859, su salud se fue deteriorando hasta quedar imposibilitado. Su fallecimiento se produjo el 22 de junio de 1865.

La biografía del Duque de Rivas nos muestra a un hombre decididamente liberal que sufrió el exilio por amor a la libertad. Con el tiempo, su liberalismo se fue haciendo más conservador, aunque siempre había defendido el trono, la Iglesia y las instituciones. Su labor como político no puede considerarse brillante. Destaca más, en cambio, su actividad diplomática, en la que supo volcar su caballerosidad, su carácter abierto, sus méritos personales y su cultura.

Como autor, destaca su poesía narrativa, para la que frecuentemente halló inspiración en la historia y la tradición nacionales. Quizás lo más interesante de su obra sean los *Romances históricos,* que elevaron de categoría a este género tan denostado por los neoclásicos al permitir descubrir a sus contemporáneos las posibilidades que ofrecía.

La afición del Duque de Rivas por el teatro se prolongó durante toda su vida y estuvo muy ligada al Neoclasicismo, aunque la obra que lo inmortalizó fue *Don Álvaro o la fuerza del sino,* que, a pesar de no ser el primer drama romántico representado, incluía ya las nuevas fórmulas del Romanticismo. Por ese motivo desencadenó en su momento apasionadas polémicas entre sus seguidores y sus detractores.

2. Cronología

VIDA Y OBRA DEL DUQUE DE RIVAS	ACONTECIMIENTOS HISTÓRICOS Y CULTURALES
1791	
Nace en Córdoba Ángel de Saavedra y Ramírez de Baquedano, de familia noble.	Se constituye en Francia la Asamblea Legislativa. *La flauta mágica* de Mozart.
1798	
Capitán de Caballería en el Regimiento del Infante.	Se crea la República Helvética. Los *Caprichos* de Goya.
1802	
Ingresa en el Real Seminario de Nobles.	*Segunda sinfonía* de Beethoven. *La maja desnuda* de Goya.
1808	
Forma parte de las tropas del general Cuesta en la Guerra de la Independencia.	Alzamiento del 2 de mayo contra las tropas francesas. *Sexta sinfonía* de Beethoven.
1809	
Toma parte en la batalla de Talavera y es herido de gravedad en Ocaña. Escribe el romance *Con once heridas mortales...*	Napoleón nombra rey de España a su hermano José. Nace Mariano José de Larra. Nace Edgard Allan Poe.
1811	
Es herido de nuevo en la batalla de Chiclana.	Declaración de independencia de Venezuela. *Sentido y sensibilidad* de Austen.

Vida y obra del Duque de Rivas	Acontecimientos históricos y culturales
1814	
Retirado en Sevilla, escribe la tragedia *Ataúlfo*. Publica su primer libro de *Poesías*.	Regresa Fernando VII y anula la Constitución de 1812. Stephenson inventa la primera locomotora de vapor.
1816	
Estreno en Sevilla de *Aliatar*, que cosecha un gran éxito.	Acta de emancipación de Argentina de la Corona de España. *El barbero de Sevilla* de Rossini.
1817	
Estreno de *Doña Blanca* y de *El Duque de Aquitania*.	Nace el dramaturgo y poeta José Zorrilla.
1818	
Estreno de *Malek-Adhel*.	Independencia de Chile.
1820	
Diputado liberal por Córdoba. Segunda edición de sus *Poesías*.	Sublevación de Riego y comienzo del Trienio Liberal. Fernando VII jura la Constitución.
1821	
Estreno de *Lanuza*.	El general San Martín proclama la independencia de Perú.
1823	
Condenado a muerte, huye a Gibraltar. Se instala en Londres durante dos años.	Los *Cien mil hijos de San Luis* restauran el absolutismo. Comienza la Década Ominosa.

Introducción

VIDA Y OBRA DEL DUQUE DE RIVAS	ACONTECIMIENTOS HISTÓRICOS Y CULTURALES
1825	
Se casa por poderes con Encarnación Cueto. Se reúne con ella en Gibraltar y luego pasa a Malta. Escribe *El faro de Malta*.	El general Sucre logra la independencia de Bolivia. Estreno de la *Novena sinfonía* de Beethoven.
1830	
Vive en París. Primera versión en prosa de *Don Álvaro*.	Nace la futura reina Isabel II. Estreno de *Hernani* de Hugo.
1833	
Regresa a España tras su exilio.	Muere Fernando VII. Regencia de María Cristina. Primera guerra carlista.
1834	
Hereda el título de Duque de Rivas. Ingresa en la Real Academia Española. Publica *El moro expósito*.	Estreno de *La conjuración de Venecia* de Martínez de la Rosa. Estreno de *Macías* de Larra.
1835	
Preside el nuevo Ateneo de Madrid. Estreno de *Don Álvaro o la fuerza del sino*.	Comienza la desamortización de Mendizábal. *Canción del pirata* de Espronceda.
1836	
Ministro de la Gobernación. Por motivos políticos huye a Lisboa y luego a Gibraltar.	Nace Bécquer. Estreno de *El trovador* de García Gutiérrez. *El día de difuntos* de Larra.

VIDA Y OBRA DEL DUQUE DE RIVAS	ACONTECIMIENTOS HISTÓRICOS Y CULTURALES
1837	
Regresa a España. Es elegido senador por Cádiz.	Nueva Constitución moderada. Estreno de *Los amantes de Teruel* de Hartzenbusch.
1839	
	Convenio de Vergara. Fin de la primera guerra calista. *La cartuja de Parma* de Stendhal.
1840	
	Regencia de Espartero. *Poesías* de Espronceda. *Narraciones extraordinarias* de Poe.
1841	
Publica los *Romances históricos* y *La morisca de Alajuar.*	Sublevaciones militares. *La comedia humana* de Balzac.
1843	
Senador por Córdoba. Vicepresidente del Senado.	Pronunciamiento de Narváez y caída de Espartero. *El holandés errante* de Wagner.
1844	
Enviado extraordinario y ministro plenipotenciario en Nápoles.	Subida de Narváez al poder. Estreno de *Don Juan Tenorio* de Zorrilla.
1845	
	Nueva Constitución moderada.

Vida y obra del Duque de Rivas	Acontecimientos históricos y culturales
1848	
	Revoluciones en Europa.
1850	
Acaba su misión diplomática en Nápoles. Regresa a Madrid.	Estreno de *Lohengrin* de Wagner. Inauguración del Teatro Real de Madrid con *La favorita*.
1852	
Académico de la Real Academia de la Historia.	Napoleón III, emperador de Francia.
1854	
Presidente del Gobierno durante dos días.	Revolución de julio. Comienza el Bienio progresista.
1857	
Embajador en París.	Nace Alfonso XII. *Madame Bovary* de Flaubert.
1862	
Director de la Real Academia Española.	*Los miserables* de Víctor Hugo. *Padres e hijos* de Turgueniev.
1863	
Presidente del Consejo de Estado. Caballero del Toisón de Oro.	Estreno en el Teatro Real de *La forza del destino* de Verdi.
1865	
Fallece en Madrid.	*Tristán e Isolda* de Wagner.

3. Análisis de la obra

3.1. Génesis de *Don Álvaro o la fuerza del sino*

Según parece, la obra se gestó en la ciudad francesa de Tours cuando el Duque de Rivas junto con su amigo Antonio Alcalá Galiano evocaban cuentos y leyendas de su infancia. Sabemos que hubo una primera edición traducida al francés por este último que no llegó a ningún puerto y que, más adelante, ya en España, escribió la edición a la que nos referimos.

La obra es original. El autor pretendía escribir una pieza romántica de connotaciones españolas y en ella conviven temas relacionados con leyendas andaluzas de su juventud, como el «cuento del indiano», la «leyenda de la mujer penitente» y la del «salto del fraile», ligadas las dos últimas a la región de la Montaña de los Ángeles cercana a Córdoba.

3.2. Título y asunto de la obra

El título recoge fielmente el contenido de la obra. En efecto, el protagonista es Don Álvaro, pero los acontecimientos que van sucediendo en torno a él, que lo cercan y terminan sofocándolo, son fruto de la casualidad, de un destino inapelable contra el que no puede luchar. De modo que existe una equivalencia entre su nombre y la fuerza del sino, que no es otra cosa que una fatalidad plagada de desgracias que lleva al protagonista a despeñarse en un golpe de efecto lleno de teatralidad, aunque, por otro lado, consecuente con su lucha desesperada.

Todo comienza cuando Don Álvaro, una persona de origen desconocido aunque bien parecido, rico y de cualidades apreciables, se enamora de Doña Leonor, hija del marqués de Calatrava. Los convencionalismos sociales no permiten el matrimonio de los enamorados, por lo que deciden huir. A partir de ahí, se desencadenan una serie de desgracias que se inician con la muerte casual del marqués a manos de Don Álvaro. Los amantes, por separado y sin conocer sus respectivos destinos, deciden despedirse del mundo en busca, ella de la paz ascética en una ermita, y él, de la muerte en los campos de batalla y, más adelante, el sosiego entre las paredes de un convento.

Pero el sino (el destino) cerca a ambos en las personas de Don Carlos y Don Alfonso, hermanos de Doña Leonor, que quieren vengar la muerte de su padre y que, finalmente, provocan la suya a manos de Don Álvaro, abocado a la fatalidad pese a sus buenas intenciones. Doña Leonor es víctima de su propio hermano y Don Álvaro, en su gesto postrero, cede a la presión del destino al tiempo que lo vence escogiendo su propia muerte en mitad de la noche, con los elementos atmosféricos en acción en tanto los frailes entonan el *Miserere* y tocan las campanas. Todo ello proporciona a la obra unos golpes de efecto escenográficos y sonoros muy propios del Romanticismo, cuyo objetivo principal no era instruir como los neoclásicos, sino conmover a un público fascinado y entregado.

3.3. Temas

El amor y el destino son los dos núcleos temáticos en torno a los cuales gira y se va estructurando la obra.

El amor es el típico amor romántico, fuerte y apasionado, destinado a no poder nunca concretarse, en este caso, por causa del medio social al que pertenece Doña Leonor. El desconocimiento del origen de Don Álvaro, que no se desvela del todo hasta el final cuando ya es irremediable, es fundamental para el desarrollo de los acontecimientos, puesto que los convencionalismos sociales se imponen y determinan la fuga de los enamorados. Bien es verdad que este amor es más firme y seguro en Don Álvaro que en Doña Leonor, quien duda y está dispuesta a sacrificarlo todo al amor filial.

Este tema, el amor, determina otro tema, el del honor, que viene representado por las personas del marqués de Calatrava y sus hijos. Estos últimos convierten su lucha por el honor familiar en un odio que no conoce la piedad ni la comprensión y que desemboca en una feroz venganza.

El otro tema fundamental es el del destino trágico con el que el Duque de Rivas identifica a Don Álvaro, quien, a pesar de sus evidentes cualidades, está obligado a matar sin querer, a vivir cuando busca la muerte en la batalla y a permanecer sin su amada cuando es lo que más ansía. Es un ser predestinado a sucesivos destinos trágicos y a una muerte final cuando ni siquiera la persigue, y que ha buscado, en cambio, la reconciliación consigo mismo, con el mundo y con Dios en la paz del convento de los Ángeles.

3.4. Personajes

Dejando a un lado a los personajes principales, son más de cincuenta los personajes secundarios que aparecen en *Don Álvaro*. Todas las clases sociales están representadas en él, desde las nobles y aristocráticas hasta las más populares. Aparecen en la obra estudiantes, mesoneros, criados, cirujanos, varios grados del ejército, diversos cargos de religiosos... incluyendo una gitana y un negro para introducir aquellos aspectos folclóricos y exóticos que tanto complacían a los románticos.

El paso por la obra de la mayor parte de ellos es pasajero y, sin embargo, están perfectamente trazados con rasgos distintivos: no es lo mismo el mesonero, que se caracteriza por la prudencia, que la mesonera, fundamentalmente curiosa; tampoco es lo mismo el padre Guardián, comedido y serio, que el hermano

Melitón, gracioso y socarrón, al tiempo que gruñón, devoto y desconfiado.

La expresividad del lenguaje desempeña un papel importante en la caracterización de todos ellos.

Analizamos a continuación los personajes principales.

Don Álvaro: posee todas las cualidades propias de un héroe romántico. Es buen torero, bien parecido, valiente y generoso y, según se sabe más tarde, hijo de una princesa inca y de un virrey español en Perú. Nacido en la cárcel por la sublevación de sus padres, viaja a España para pretender el indulto de aquellos; sin embargo, encuentra el amor y, con él, todas las desgracias que se unen a la de su nacimiento. El misterio que rodea al personaje junto con su superioridad son la causa de su marginación, y su honestidad y su ejemplaridad como monje no sirven de nada frente a un destino trazado de antemano.

Doña Leonor: su personalidad está menos definida que la de Don Álvaro. Es insegura, dócil y asustadiza. Es un ser pasivo, que desea llevar a cabo su amor, pero la embarga el temor y no se atreve a desobedecer a su padre. En cierto modo, sus titubeos propician el desastre. Está abrumada por la culpabilidad y, por ese motivo, busca la paz encerrándose de por vida en una ermita donde, finalmente, encuentra la muerte a manos de su propio hermano. Su sentimiento de pérdida es doble: la de su amor, a quien cree muerto, y la de su padre, de cuya muerte se siente culpable; de ahí su romántico intento de desaparecer del mundo.

Marqués de Calatrava: encarna la autoridad antes que el amor paternal. Tiene muy clara la diferencia de clases y su inmovilismo le lleva a poner un muro que impida cualquier debilidad. Tiene conciencia de casta y es altanero con quienes cree que no pertenecen a ella. Aunque afectuoso con su hija, la rebelión de ella le impulsa a repudiarla y maldecirla en el momento de su muerte por contravenir su código del honor.

Don Carlos: es el hermano mayor de Doña Leonor y, aunque parece albergar sentimientos positivos como la amistad, su sentido del honor y sus ansias de venganza son tan fuertes que es incluso capaz de fingir cariño al herido Don Álvaro hasta su curación para encontrar el mejor momento de matarlo.

Don Alfonso: el hijo segundo del marqués de Calatrava es, si cabe, más vengativo que su hermano. Enterado del verdadero origen de Don Álvaro, no solo quiere matarlo, sino despertar en él sus peores instintos, conseguir su muerte moral y física y hasta su condenación eterna dada su condición de monje. Es frío y calculador y, también, la mano del destino al cobrarse la muerte de su hermana y lograr la desesperación final que lleva a Don Álvaro a arrojarse al vacío.

3.5. Estructura, tiempo y espacio

Don Álvaro, obra dividida en cinco jornadas, adopta la denominación barroca de los actos dictada por Lope de Vega en *El arte nuevo de hacer comedias,* quien, sin embargo, defendió la división de la comedia en tres jornadas. Así es que el Duque de Rivas, por un lado, empleó la forma barroca y, por otro, continuó la costumbre neoclásica de dividir la obra dramática en cinco partes.

La obra se desarrolla en cinco lugares distintos y dentro de cada jornada se producen desplazamientos de los personajes en las proximidades de la zona inicial:

- Jornada primera: Sevilla y sus alrededores. Entrada del puente de barcas de Triana.
- Jornada segunda: Villa de Hornachuelos (Córdoba) y sus alrededores.
- Jornada tercera: Veletri (Italia) y sus alrededores.
- Jornada cuarta: Alojamiento militar en Veletri.
- Jornada quinta: Convento de los Ángeles (Hornachuelos) y alrededores.

La acción se presenta a lo largo de cinco momentos temporales diferentes hasta completar un periodo de cinco años.

Por otro lado, cuatro de las jornadas (la primera, la segunda, la tercera y la quinta) comienzan con escenas costumbristas y la cuarta cuenta también con su cuadro costumbrista, si bien desplazado a la segunda escena. Estas escenas costumbristas proporcionan a la obra del Duque de Rivas informaciones necesarias para el seguimiento de los sucesos y contribuyen a relajar la tensión creada. El teatro romántico gustaba mucho de esas mezclas entre elementos populares y otros de mayor nivel que servían por otro lado para introducir distintas formas de expresión. En el caso que nos ocupa, se pasa de las conversaciones del aguaducho, donde se mezclan distintas clases sociales (jornada primera), al lenguaje más popular del mesón (jornada segunda), llegando a las charlas de jugadores empedernidos del ejército (jornadas tercera y cuarta) y descendiendo, en la última jornada, al nivel de los mendigos, más bajo y degradado.

De este modo, la regla clásica de las tres unidades (acción, lugar y tiempo) queda rota, pues la acción está interferida por los cuadros costumbristas, los lugares se diversifican y el tiempo se prolonga muy por encima de las veinticuatro horas.

3.6. Romanticismo de *Don Álvaro o la fuerza del sino*

Esta obra logró el asentamiento del género conocido como drama romántico, del que presenta todas las características. Tiene la libertad como objetivo y rompe con cualquier imposición o norma, como ya se ha indicado con la ruptura de la regla de las tres unidades. Esa libertad se observa también en la mezcla de prosa y verso, en la multiplicación de personajes y en la variedad métrica. La prosa se usa sobre todo en los cuadros costumbristas y también en las escenas finales de la obra, donde el lenguaje está plagado de expresiones vivas y rápidas que traducen la violencia trágica del momento. Las acciones entre los personajes principales utilizan preferentemente el verso y son frecuentes los monólogos como expresión de los estados de ánimo. A imagen del teatro barroco, el Duque de Rivas cultiva la polimetría y emplea una variedad de estrofas, preferentemente la redondilla, el romance y la décima.

Los temas son igualmente románticos. Partimos de un amor apasionado y desmesurado capaz de romper con los códigos morales de la sociedad. La fuga, el sueño imposible y el destino trágico que señala y cerca a Don Álvaro desde el momento mismo de su nacimiento sitúan esta obra en un torbellino de intensas pasiones en las que el idealismo, el misterio, la pasión, la insatisfacción, la rebeldía y, por fin, la muerte quedan reflejadas de forma extrema.

Don Álvaro cuenta asimismo con ambientes exóticos, naturales, nocturnos y lúgubres que favorecen una escenografía rica, rotunda y con abundancia de sonoridades y contrastes, tan del gusto romántico. Valga como ejemplo la escena III de la jornada primera, en la que, al anochecer, cruza lentamente la escena Don Álvaro, melancólico, mirando a todos los lados y con un gran sombrero blanco que destaca en mitad de la naciente noche. La escena se limita a las instrucciones citadas, es únicamente visual, pero sorprende al espectador, quien se pregunta qué irá a hacer Don Álvaro a esas horas, exactamente lo mismo que se cuestionan los espectadores involuntarios (el majo, el canónigo, el tío Paco, etc.) del cuadro que va a continuación y que constituye la escena IV de esa misma jornada.

En otro lugar se han comentado los efectos escenográficos sobrecogedores de las dos últimas escenas de *Don Álvaro o la fuerza del sino*. El sonido de las campanas del convento, seguido de un silencio, roto finalmente por fortísimos truenos, acompañados visualmente por relámpagos mientras la comunidad entona el *Miserere*, refuerzan el efecto del desenlace fatal en el que un Don Álvaro fuera de sí y endemoniado se enfrenta al mundo decidiendo su propio destino.

3.7. Estreno y repercusión de la obra

Don Álvaro o la fuerza del sino se estrenó el 22 de marzo de 1835 en el Teatro del Príncipe de Madrid. No existe un acuerdo sobre la cantidad de representaciones que alcanzó, aunque la opinión más fundamentada cifra en nueve su número, que no parecen muchas, si bien tuvo dos interrupciones, una por la costumbre de cortar en el Viernes de Cuaresma, y otra por el final de temporada. Dejando a un lado el número de representaciones, que hay quien eleva a diecisiete uniendo las de la siguiente temporada, *Don Álvaro o la fuerza del sino* consiguió un éxito inferior al de *La conjuración de Venecia,* de Martínez de la Rosa, estrenada un año antes.

Parece que la impresión general que produjo el drama fue de extrañeza, pues el público no estaba acostumbrado a espectáculos semejantes y la crítica señaló la falta de verosimilitud, el exceso de casualidades y de incidentes, además de la enorme extensión de la obra. *Don Álvaro o la fuerza del sino* tenía reminiscencias del Siglo de Oro en la defensa del honor y en el personaje de Don Álvaro, que recordaba en algún punto al Segismundo de *La vida es sueño* de Calderón de la Barca (véase «Intertextos», número 1), en un momento en el que aquel teatro había perdido espectadores, quienes estaban más acostumbrados al teatro razonable y de buen gusto neoclásico.

Indudablemente, la obra asombró por su originalidad y señaló la necesidad de hacer una renovación del género teatral. Lo que de ella importó al público no fue tanto su ideología cuanto la forma de llevarla a cabo y el efectismo y la variedad impactantes de los procedimientos utilizados por el Duque de Rivas.

La crítica fue bastante desigual en su valoración de *Don Álvaro o la fuerza del sino.* En algunos casos, la juzgaron con dureza y, en otros, cosechó encendidos elogios. Hubo quienes consideraron nefasta su filosofía de la vida y estimaron, en cambio, la forma de llevarla a cabo. Juan Valera, secretario del Duque de Rivas en Nápoles, valoró positivamente esta obra.

Más adelante, la Generación del 98 no fue nada favorable a *Don Álvaro o la fuerza del sino;* concretamente *Azorín,* en su obra *Rivas y Larra* (1916), hizo un estudio exhaustivo de ella y señaló la identidad de procedimientos con los dramas de Calderón de la Barca y Lope de Vega, pero también no pocas incoherencias y la sensación de un algo inestable y frágil que planea sobre la obra; valoró los elementos pasionales y pintorescos, no así el resto (véase «Intertextos», número 5).

Sin embargo, *Don Álvaro o la fuerza del sino,* bien por sus propios valores, bien por la polémica que creó su estreno, suscitó el interés del gran músico italiano Giuseppe Verdi (1813-1901), quien ya había convertido en ópera (*Il trovatore,* 1853) el drama romántico del mismo título de García Gutiérrez. Verdi, basándose en la obra del Duque de Rivas, realizó una ópera, *La forza del destino,* que fue estrenada primero en San Petersburgo y Roma y, pocos meses después (el 21 de febrero de 1863), se representó en el Teatro Real de Madrid con la asistencia del propio compositor y del Duque de Rivas, quien no quedó satisfecho del resultado por los numerosos cambios efectuados sobre el drama original.

La obra de Verdi no tuvo el éxito apetecido; la crítica señaló un exceso de muertes, consideró que prestaba poco respeto a la Providencia divina, y el compositor prohibió que su ópera volviese a ser representada en tanto no preparase una revisión, lo que hizo en 1869, fecha en que realizó una nueva versión de *La forza del destino.* Esta nueva versión ofrecía numerosos cambios sobre la anterior, como que Don Álvaro no se suicida, aunque de ese modo contradecía el espíritu romántico de la obra del Duque de Rivas (véase «Intertextos», número 3).

4. Para saber más

- ANDIOC, René: «Sobre el estreno del *Don Álvaro»,* en *Homenaje a Juan López Morillas: De Cadalso a Aleixandre, Estudios sobre literatura e historia intelectual españolas,* edición de José Amor Vázquez y A. David Kossoff, Castalia, Madrid, 1982, págs. 63-86.

  Se centra en lo que supuso el estreno de *Don Álvaro o la fuerza del sino,* hace un estudio de su éxito en relación con el número de representaciones de la obra y la compara con otras obras que se pusieron en escena en aquel periodo en función de su origen, de sus características y de sus autores.

• Caldera, Ermanno: «Estudio preliminar» a su edición de *Don Álvaro o la fuerza del sino,* Taurus, Madrid, 1992, págs. 7 a 65.

Tras la biografía del autor, señala los aspectos más relevantes de *Don Álvaro o la fuerza del sino* insistiendo especialmente en lo que tenía de renovación en los diversos aspectos y, también, en el origen de los temas que trata, en la forma de llevarlos a cabo y en los aspectos ideológicos.

• García Castañeda, Salvador (dirección): *Biblioteca del Duque de Rivas* [web en línea]. Portal disponible desde internet en la siguiente dirección: http://bib.cervantesvirtual.com/bib_autor/duquederivas/

Se trata de un portal muy completo dedicado al Duque de Rivas. Incluye su biografía y cronología, el catálogo de su obra, con varias ediciones digitales, estudios críticos, imágenes de ediciones del siglo xix, enlaces…

• La Rubia Prado, Francisco: «La retórica de la ausencia: *Don Álvaro o la fuerza del sino*», en *Retorno al futuro: amor, muerte y desencanto en el Romanticismo español,* Biblioteca Nueva, Madrid, 2004, págs. 61-79.

La interpretación de *Don Álvaro o la fuerza del sino* que sugiere el autor devuelve a esta obra romántica su interés, su frescura y su capacidad de sorprender al lector. Mediante su revisión, demuestra la relevancia que este texto puede tener para nuestras vidas en el siglo XXI.

- NAVAS RUIZ, Ricardo: *El Romanticismo español,* Cátedra, Madrid, 1990.

  Dedica un capítulo al Duque de Rivas, con un amplio estudio de *Don Álvaro o la fuerza del sino,* a la que considera la obra maestra del Romanticismo español.

- RIBAO PEREIRA, Montserrat: *Textos y representación del drama histórico en el Romanticismo español,* Eunsa, Pamplona, 1989.

  Este volumen analiza con detalle la espectacularidad de los dramas históricos más significativos en los primeros años del Romanticismo español, entre ellos, *Don Álvaro o la fuerza del sino.*

- SEBOLD, Russell P: *Trayectoria del Romanticismo español: desde la Ilustración hasta Bécquer,* Crítica, Madrid, 1983.

  Examina los rasgos definitorios del Romanticismo español, los diferentes matices de expresión que en él se suceden y las etapas de su larga trayectoria, de 1770 a 1870. Contiene un capítulo muy completo dedicado al Duque de Rivas y su *Don Álvaro o la fuerza del sino.*

5. Criterios de edición

El texto de *Don Álvaro o la fuerza del sino* se atiene al de la primera edición publicada por Tomás Jordán (Madrid, 1835) y al de las *Obras Completas,* tomo IV (Biblioteca Nueva, Madrid, 1854-1855). A fin de corregir algunos errores y erratas, nuestra edición se ha cotejado con las de Alberto Sánchez (Cátedra, Madrid, 1976), Ermanno Caldera (Taurus, Madrid, 1986) y Miguel Ángel Lama (Crítica, Barcelona, 1994). Esta última se ha utilizado por su rigor como referencia de autoridad en la mayoría de los casos. La ortografía y la puntuación de la presente edición se han actualizado de acuerdo con las nuevas normas ortográficas dictadas por la Real Academia Española en 2010.

Se ha procurado que las notas aclaren aquellos aspectos históricos o culturales que puedan ser de interés para el seguimiento de la obra, así como el significado de las palabras que posiblemente los alumnos desconocen por estar alejadas de su vocabulario más cercano.

Don Álvaro o la fuerza del sino

Drama original en cinco jornadas, y en prosa y verso

Al Excelentísimo Señor

DON ANTONIO ALCALÁ GALIANO

EN PRUEBA DE CONSTANTE Y LEAL
AMISTAD EN PRÓSPERA Y ADVERSA FORTUNA

Ángel de Saavedra, Duque de Rivas

Madrid, año de 1835

Personajes

Don Álvaro.
El Marqués de Calatrava.
Don Carlos de Vargas, su hijo.
Don Alfonso de Vargas, ídem.
Doña Leonor, ídem.
Curra, criada.
Preciosilla, gitana.
Un Canónigo.
El Padre Guardián del convento de los Ángeles.
El Hermano Melitón, portero del mismo.
Pedraza y otros Oficiales.
Un Cirujano del ejército.
Un Capellán del regimiento.
Un Alcalde.
Un Estudiante.
Mesonero.
Mesonera.
La moza del mesón.
El Tío Trabuco, arriero.
El Tío Paco, aguador.
El Capitán preboste.
Un Sargento.
Un Ordenanza a caballo.
Soldados españoles.
Arrieros.
Lugareños.
Lugareñas.

JORNADA PRIMERA

La escena es en Sevilla y sus alrededores.

La escena representa la entrada del antiguo puente de barcas de Triana, el que estará practicable a la derecha. En primer término, al mismo lado, un aguaducho, o barraca de tablas y lonas, con un letrero que diga: «Agua de Tomares»[1]*; dentro habrá un mostrador rústico con cuatro grandes cántaros, macetas de flores, vasos, un anafre*[2] *con una cafetera de hoja de lata, y una bandeja con azucarillos. Delante del aguaducho habrá bancos de pino. Al fondo se descubrirá de lejos parte del arrabal de Triana, la huerta de los Remedios con sus altos cipreses, el río y varios barcos en él, con flámulas y gallardetes*[3]. *A la izquierda se verá en lontananza la Alameda. Varios habitantes de Sevilla cruzarán en todas direcciones durante la escena. El cielo demostrará el ponerse el sol en una tarde de julio, y al descorrerse el telón aparecerán: el* TÍO PACO, *detrás del mostrador en mangas de camisa; el* OFICIAL, *bebiendo un vaso de agua y de pie;* PRECIOSILLA, *a su lado templando una guitarra*[4]*; el* MAJO *y los dos* HABITANTES DE SEVILLA *sentados en los bancos.*

[1] *agua de Tomares:* agua muy famosa por entonces, que procedía del manantial del mismo nombre cercano a Sevilla.

[2] *anafre:* hornillo portátil de barro cocido.

[3] *flámulas y gallardetes:* tiras o fajas volantes que van disminuyendo hasta acabar en punta, que se ponen en lo alto de los mástiles de las embarcaciones como insignias, o para adornos, avisos o señales.

[4] *templando una guitarra:* afinando las cuerdas de una guitarra para que den los sonidos adecuados.

Escena primera

Oficial.—Vamos, Preciosilla, cántanos la rondeña. Pronto, pronto: ya está bien templada.

Preciosilla.—Señorito, no sea su merced tan súpito[5]. Deme antes esa mano, y le diré la buenaventura.

Oficial.—Quita, que no quiero zalamerías. Aunque efectivamente tuvieras la habilidad de decirme lo que me ha de suceder, no quisiera oírtelo… Sí, casi siempre conviene el ignorarlo.

Majo.—*(Levantándose.)* Pues yo quiero que me diga la buenaventura esta prenda. He aquí mi mano.

Preciosilla.—Retire usted allá esa porquería… ¡Jesús, ni verla quiero, no sea que se encele[6] aquella niña de los ojos grandes!

Majo.—*(Sentándose.)* ¡Qué se ha de encelar de ti, pendón!

Preciosilla.—Vaya, saleroso, no se cargue usted de estera[7]; convídeme a alguna cosita.

Majo.—Tío Paco, dele usted un vaso de agua a esta criatura, por mi cuenta.

[5] *tan súpito:* tan rápido, tan impaciente, tan precipitado.
[6] *se encele:* coja celos.
[7] *no se cargue usted de estera:* no pierda la paciencia.

Preciosilla.—¿Y con panal[8]?

Oficial.—Sí, y después que te refresques el garguero y que te endulces la boca, nos cantarás las corraleras[9].

(El aguador sirve un vaso de agua con panal a Preciosilla, y el Oficial se sienta junto al Majo.)

Habitante primero.—Hola; aquí viene el señor canónigo.

Escena II

Canónigo.—Buenas tardes, caballeros.

Habitante segundo.—Temíamos no tener la dicha de ver a su merced esta tarde, señor canónigo.

Canónigo.—*(Sentándose y limpiándose el sudor.)* ¿Qué persona de buen gusto, viviendo en Sevilla, puede dejar de venir todas las tardes de verano a beber la deliciosa agua de Tomares, que con tanta limpieza y pulcritud nos da el tío Paco, y a ver un ratito este puente de Triana, que es lo mejor del mundo?

Habitante primero.—Como ya se está poniendo el sol…

---

[8] *panal:* azúcar, azucarillo que se deshacía en el agua para tomarla como un refresco.

[9] *corraleras:* canciones populares que se cantaban en los patios (corrales) de vecinos.

CANÓNIGO.—Tío Paco, un vasito de la fresca.

TÍO PACO.—Está usía[10] muy sudado; en descansando un poquito le daré el refrigerio.

MAJO.—Dale a su señoría el agua templada.

CANÓNIGO.—No, que hace mucho calor.

MAJO.—Pues yo templada la he bebido, para tener el pecho suave, y poder entonar el Rosario por el barrio de la Borcinería, que a mí me toca esta noche.

OFICIAL.—Para suavizar el pecho, mejor es un trago de aguardiente.

MAJO.—El aguardiente es bueno para sosegarlo después de haber cantado la letanía.

OFICIAL.—Yo lo tomo antes y después de mandar el ejercicio.

PRECIOSILLA.—*(Habrá estado punteando la guitarra, y dirá al MAJO:)* Oiga usted, rumboso, ¿y cantará usted esta noche la letanía delante del balcón de aquella persona?…

CANÓNIGO.—Las cosas santas se han de tratar santamente. Vamos. ¿Y qué tal los toros de ayer?

MAJO.—El toro berrendo, de Utrera, salió un buen bicho, muy pegajoso… Demasiado.

[10] *usía:* tratamiento de respeto equivalente a «su señoría».

HABITANTE PRIMERO.—Como que se me figura que le tuvo usted asco.

MAJO.—Compadre, alto allá, que yo soy muy duro de estómago[11]… Aquí está mi capa *(Enseña un desgarrón.)* diciendo por esta boca que no anduvo muy lejos.

HABITANTE SEGUNDO.—No fue la corrida tan buena como la anterior.

PRECIOSILLA.—¡Como que ha faltado en ella don Álvaro el indiano, que a caballo y a pie es el mejor torero que tiene España!

MAJO.—Es verdad, que es todo un hombre, muy duro con el ganado, y muy echado adelante.

PRECIOSILLA.—Y muy buen mozo.

HABITANTE PRIMERO.—¿Y por qué no se presentaría ayer en la plaza?

OFICIAL.—Harto tenía que hacer con estarse llorando el mal fin de sus amores.

MAJO.—Pues, qué, ¿lo ha plantado ya la hija del señor marqués?…

OFICIAL.—No; doña Leonor no lo ha plantado a él, pero el marqués la ha trasplantado a ella.

[11] *soy muy duro de estómago:* soy arrojado, valiente…

HABITANTE SEGUNDO.—¿Cómo?...

HABITANTE PRIMERO.—Amigo, el señor marqués de Calatrava tiene mucho copete y sobrada vanidad para permitir que un advenedizo sea su yerno.

OFICIAL.—¿Y qué más podía apetecer su señoría, que el ver casada a su hija (que, con todos sus pergaminos, está muerta de hambre) con un hombre riquísimo y cuyos modales están pregonando que es un caballero?

PRECIOSILLA.—¡Si los señores de Sevilla son vanidad y pobreza todo en una pieza! Don Álvaro es digno de ser marido de una emperadora... ¡Qué gallardo!... ¡Qué formal y qué generoso!... Hace pocos días que le dije la buenaventura (y por cierto no es buena la que le espera si las rayas de la mano no mienten), y me dio una onza de oro como un sol de mediodía.

TÍO PACO.—Cuantas veces viene aquí a beber me pone sobre el mostrador una peseta columnaria[12].

MAJO.—¡Y vaya un hombre valiente! Cuando en la Alameda Vieja le salieron aquella noche los siete hombres más duros que tiene Sevilla, metió mano y me los acorraló a todos contra las tapias del picadero.

OFICIAL.—Y en el desafío que tuvo con el capitán de artillería se portó como un caballero.

[12] *peseta columnaria:* moneda de plata que llevaba el escudo real entre dos columnas, de ahí su nombre. Se acuñó en América en el siglo XVIII y tenía un gran valor.

PRECIOSILLA.—El marqués de Calatrava es un vejete tan ruin, que por no aflojar la mosca[13] y por no gastar...

OFICIAL.—Lo que debía hacer don Álvaro era darle una paliza que...

CANÓNIGO.—Paso, paso[14], señor militar. Los padres tienen derecho de casar a sus hijas con quien les convenga.

OFICIAL.—¿Y por qué no le ha de convenir don Álvaro? ¿Porque no ha nacido en Sevilla?... Fuera de Sevilla nacen también caballeros.

CANÓNIGO.—Fuera de Sevilla nacen también caballeros, sí señor; pero... ¿lo es don Álvaro?... Solo sabemos que ha venido de Indias hace dos meses, y que ha traído dos negros y mucho dinero... ¿Pero quién es?...

HABITANTE PRIMERO.—Se dicen tantas y tales cosas de él...

HABITANTE SEGUNDO.—Es un ente muy misterioso.

TÍO PACO.—La otra tarde estuvieron aquí unos señores hablando de lo mismo, y uno de ellos dijo que el tal don Álvaro había hecho sus riquezas siendo pirata...

MAJO.—¡Jesucristo!

---

[13] *no aflojar la mosca:* expresión popular equivalente a «no soltar dinero».
[14] *paso, paso:* poco a poco.

TÍO PACO.—Y otro, que don Álvaro era hijo bastardo de un grande de España y de una reina mora…

OFICIAL.—¡Qué disparate!

TÍO PACO.—Y luego dijeron que no, que era… No lo puedo declarar…, finca… o brinca… Una cosa así…, así como… una cosa muy grande allá de la otra banda.

OFICIAL.—¿Inca?

TÍO PACO.—Sí, señor, eso: inca… inca.

CANÓNIGO.—Calle usted, tío Paco, no diga sandeces.

TÍO PACO.—Yo nada digo, ni me meto en honduras; para mí, cada uno es hijo de sus obras[15], y en siendo buen cristiano y caritativo…

PRECIOSILLA.—Y generoso y galán.

OFICIAL.—El vejete roñoso del marqués de Calatrava hace muy mal en negarle su hija.

CANÓNIGO.—Señor militar, el señor marqués hace muy bien. El caso es sencillísimo. Don Álvaro llegó hace dos meses, nadie sabe quién es. Ha pedido en casamiento a doña Leonor, y el marqués, no juzgándolo buen partido para su hija, se la ha negado. Parece que la señorita estaba encaprichadilla, fascinada, y el padre

[15] *cada uno es hijo de sus obras:* alude a que el valor de la persona lo forja ella misma, no es hereditario.

se la ha llevado al campo, a la hacienda que tiene en el Aljarafe, para distraerla. En todo lo cual el señor marqués se ha comportado como persona prudente.

OFICIAL.—Y don Álvaro, ¿qué hará?

CANÓNIGO.—Para acertarlo debe buscar otra novia, porque si insiste en sus descabelladas pretensiones, se expone a que los hijos del señor marqués vengan, el uno de la universidad y el otro del regimiento, a sacarle de los cascos[16] los amores de doña Leonor.

OFICIAL.—Muy partidario soy de don Álvaro, aunque no le he hablado en mi vida, y sentiría verlo empeñado en un lance con don Carlos, el hijo mayorazgo del marqués. Le he visto el mes pasado en Barcelona y he oído contar los dos últimos desafíos que ha tenido, y ya se le puede ayunar[17].

CANÓNIGO.—Es uno de los oficiales más valientes del regimiento de Guardias Españolas, donde no se chancea[18] en esto de lances de honor.

HABITANTE PRIMERO.—Pues el hijo segundo del señor marqués, el don Alfonso, no le va en zaga[19]. Mi primo, que acaba de llegar de Salamanca, me ha dicho que es el coco de la universidad, más espadachín que

---

[16] *a sacarle de los cascos:* a quitarle de la cabeza.
[17] *se le puede ayunar:* se le puede tener miedo.
[18] *no se chancea:* no se hacen bromas.
[19] *no le va en zaga:* no es menos valiente.

estudiante, y que tiene metidos en un puño a los matones sopistas[20].

MAJO.—¿Y desde cuándo está fuera de Sevilla la señorita doña Leonor?

OFICIAL.—Hace cuatro días que se la llevó el padre a su hacienda, sacándola de aquí a las cinco de la mañana, después de haber estado toda la noche hecha la casa un infierno.

PRECIOSILLA.—¡Pobre niña!… ¡Qué linda que es, y qué salada!… Negra suerte le espera… Mi madre le dijo la buenaventura, recién nacida, y siempre que la nombra se le saltan las lágrimas… Pues el generoso don Álvaro…

HABITANTE PRIMERO.—En nombrando el ruin de Roma, luego asoma… Allí viene don Álvaro.

ESCENA III

Empieza a anochecer, y se va oscureciendo el teatro. DON ÁLVARO sale embozado en una capa de seda, con un gran sombrero blanco, botines y espuelas; cruza lentamente la escena mirando con dignidad y melancolía a todos lados, y se va por el puente. Todos le observan en gran silencio.

[20] *matones sopistas:* estudiantes pobres que recurrían a la sopa de caridad y que, con frecuencia, eran pendencieros y buscaban pelea.

Escena IV

Majo.—¿Adónde irá a estas horas?

Canónigo.—A tomar el fresco al Altozano.

Tío Paco.—Dios vaya con él.

Militar.—¿A qué va al Aljarafe?

Tío Paco.—Yo no sé, pero como estoy siempre aquí de día y de noche, soy un vigilante centinela de cuanto pasa por este puente... Hace tres días que a media tarde pasa por él hacia allá un negro con dos caballos de mano y que don Álvaro pasa a estas horas; y luego a las cinco de la mañana vuelve a pasar hacia acá, siempre a pie, y como media hora después pasa el negro con los mismos caballos llenos de polvo y de sudor.

Canónigo.—¿Cómo?... ¿Qué me cuenta usted, tío Paco?...

Tío Paco.—Yo, nada; digo lo que he visto; y esta tarde ya ha pasado el negro, y hoy no lleva dos caballos, sino tres.

Habitante primero.—Lo que es atravesar el puente hacia allá a estas horas, he visto yo a don Álvaro tres tardes seguidas.

Majo.—Y yo he visto ayer, a la salida de Triana, al negro con los caballos.

Habitante segundo.—Y anoche, viniendo yo de San Juan de Alfarache, me paré en medio del olivar a apretar las cinchas a mi caballo, y pasó a mi lado, sin verme y a escape, don Álvaro, como alma que llevan los demonios, y detrás iba el negro. Los conocí por la jaca torda[21], que no se puede despintar... ¡Cada relámpago que daban las herraduras!...

Canónigo.—*(Levantándose y aparte.)* ¡Hola! ¡Hola![22]... Preciso es dar aviso al señor marqués.

Militar.—Me alegraría de que la niña traspusiese una noche con su amante y dejara al vejete pelándose las barbas.

Canónigo.—Buenas noches, caballeros; me voy, que empieza a ser tarde. *(Aparte, yéndose.)* Sería faltar a la amistad no avisar al instante al marqués de que don Álvaro le ronda la hacienda. Tal vez podamos evitar una desgracia.

[21] *jaca torda:* yegua que tiene el pelo negro y blanco, más fácil de identificar por la noche.

[22] *¡Hola! ¡Hola!:* no es expresión de saludo, sino de sorpresa. Equivale a «¡Vaya! ¡Vaya!».

ESCENA V

El teatro representa una sala colgada de damasco, con retratos de familia, escudos de armas y los adornos que se estilaban en el siglo pasado, pero todo deteriorado, y habrá dos balcones, uno cerrado y otro abierto y practicable, por el que se verá un cielo puro, iluminado por la luna, y algunas copas de árboles. Se pondrá en medio una mesa con tapete de damasco, y sobre ella habrá una guitarra, vasos chinescos con flores y dos candeleros de plata con velas, únicas luces que alumbrarán la escena. Junto a la mesa habrá un sillón. Por la izquierda entrará el MARQUÉS DE CALATRAVA *con una palmatoria en la mano, y detrás de él* DOÑA LEONOR, *y por la derecha entra la* CRIADA.

MARQUÉS. *(Abrazando y besando a su hija.)*
Buenas noches, hija mía;
hágate una santa el cielo.
Adiós, mi amor, mi consuelo,
mi esperanza, mi alegría.
No dirás que no es galán
tu padre. No descansara
si hasta aquí no te alumbrara
todas las noches... Están
abiertos estos balcones *(Los cierra.)*
y entra relente... Leonor...
¿Nada me dice tu amor?
¿Por qué tan triste te pones?

DOÑA LEONOR *(Abatida y turbada.)*
Buenas noches, padre mío.

MARQUÉS. Allá para Navidad
iremos a la ciudad,
cuando empiece el tiempo frío.
Y para entonces traeremos
al estudiante, y también
al capitán. Que les den
permiso a los dos haremos.
¿No tienes gran impaciencia
por abrazarlos?

DOÑA LEONOR. ¿Pues no?[23]
¿Qué más puedo anhelar yo?

MARQUÉS. Los dos lograrán licencia.
Ambos tienen mano franca[24],
condición que los abona,
y Carlos, de Barcelona,
y Alfonso, de Salamanca,
ricos presentes te harán.
Escríbeles tú, tontilla,
y algo que no haya en Sevilla
pídeles, y lo traerán.

DOÑA LEONOR. Dejarlo será mejor
a su gusto delicado.

MARQUÉS. Lo tienen, y muy sobrado.
Como tú quieras, Leonor.

---

[23] *¿Pues no?:* «¿Pues no la habría de tener?». Se sorprende de que se ponga en duda su deseo de ver a sus hermanos.

[24] *tienen mano franca:* son dadivosos, son espléndidos.

CURRA. Si, como a usted, señorita,
carta blanca se me diera,
a don Carlos le pidiera
alguna bata bonita
de Francia. Y una cadena
con su broche de diamante
al señorito estudiante,
que en Madrid la hallará buena.

MARQUÉS. Lo que gustes, hija mía.
Sabes que el ídolo eres
de tu padre… ¿No me quieres?

(La abraza y besa tiernamente.)

DOÑA LEONOR. *(Afligida.)*
¡Padre!… ¡Señor!…

MARQUÉS. La alegría
vuelva a ti, prenda del alma;
piensa que tu padre soy,
y que de continuo estoy
soñando tu bien… La calma
recobra, niña… En verdad,
desde que estamos aquí,
estoy contento de ti.
Veo la tranquilidad
que con la campestre vida
va renaciendo en tu pecho,
y me tienes satisfecho;
sí, lo estoy mucho, querida.

Ya se me ha olvidado todo;
eres muchacha obediente,
y yo seré diligente
en darte un buen acomodo.
Sí, mi vida... ¿Quién mejor
sabrá lo que te conviene,
que un tierno padre, que tiene
por ti el delirio mayor?

DOÑA LEONOR. *(Echándose en brazos de su padre con gran desconsuelo.)*
¡Padre amado!... ¡Padre mío!

MARQUÉS. Basta, basta... ¿Qué te agita?
(Con gran ternura.)
Yo te adoro, Leonorcita;
no llores... ¡Qué desvarío!

DOÑA LEONOR. ¡Padre!... ¡Padre!

MARQUÉS. *(Acariciándola y desasiéndose de sus brazos.)*
Adiós, mi bien.
A dormir, y no lloremos.
Tus cariñosos extremos
el cielo bendiga. Amén.

(Vase el MARQUÉS, y queda LEONOR muy abatida y llorosa sentada en el sillón.)

ESCENA VI

CURRA va detrás del MARQUÉS, cierra la puerta por donde aquel se ha ido, y vuelve cerca de LEONOR.

CURRA. ¡Gracias a Dios!... Me temí
que todito se enredase,
y que señor[25] se quedase
hasta la mañana aquí.
¡Qué listo cerró el balcón!...
Que por el del palomar
vamos las dos a volar
le dijo su corazón.
Abrirlo sea lo primero;
(Ábrelo.)
ahora lo segundo es
cerrar las maletas. Pues
salgan ya de su agujero.

(Saca CURRA unas maletas y ropa, y se pone a arreglarlo todo sin que en ello repare DOÑA LEONOR.)

DOÑA LEONOR. ¡Infeliz de mí!... ¡Dios mío!
¿Por qué un amoroso padre,
que por mí tanto desvelo
tiene, y cariño tan grande,
se ha de oponer tenazmente
(¡ay, el alma se me parte!...)
a que yo dichosa sea,

[25] *señor:* «el señor». En el habla familiar, sin artículo.

y pueda feliz llamarme?…
¿Cómo quien tanto me quiere
puede tan cruel mostrarse?
Más dulce mi suerte fuera
si aun me viviera mi madre[26].

CURRA. ¿Si viviera la señora?…
¡Usted está delirante!
Más vana que señor era;
señor al cabo es un ángel.
¡Pero ella!… Un genio tenía
y un copete… Dios nos guarde.
Los señores de esta tierra
son todos de un mismo talle.
Y si alguna señorita
busca un novio que le cuadre,
como no esté en pergaminos
envuelto, levantan tales
alaridos… ¿Mas qué importa
cuando hay decisión bastante?
Pero no perdamos tiempo;
venga usted, venga a ayudarme,
porque yo no puedo sola…

DOÑA LEONOR. ¡Ay, Curra!… ¡Si penetrases
cómo tengo el alma! Fuerza

[26] *me viviera mi madre:* la presencia del pronombre «me» (dativo ético) refuerza la idea del valor que para la hija tendría en ese momento que viviera su madre.

me falta hasta para alzarme
de esta silla... ¡Curra, amiga!
Lo confieso, no lo extrañes,
no me resuelvo; imposible...
Es imposible. ¡Ah!... ¡Mi padre!
Sus palabras cariñosas,
sus extremos, sus afanes,
sus besos y sus abrazos,
eran agudos puñales
que el pecho me atravesaban.
Si se queda un solo instante
no hubiera más resistido...
Ya iba a sus pies a arrojarme,
y confundida, aterrada,
mi proyecto a revelarle;
y a morir, ansiando solo
que su perdón me acordase.

CURRA. ¡Pues hubiéramos quedado
frescas, y echado un buen lance!
Mañana vería usted
revolcándose en su sangre,
con la tapa de los sesos
levantada, al arrogante,
al enamorado, al noble
don Álvaro. O arrastrarle
como un malhechor, atado,
por entre estos olivares
a la cárcel de Sevilla;

y allá para Navidades,
acaso, acaso en la horca.

DOÑA LEONOR. ¡Ay, Curra!... El alma me partes.

CURRA. Y todo esto, señorita,
porque la desgracia grande
tuvo el infeliz de veros,
y necio de enamorarse
de quien no le corresponde,
ni resolución bastante
tiene para...

DOÑA LEONOR. Basta, Curra;
no mi pecho despedaces.
¿Yo a su amor no correspondo?
Que le correspondo sabes...
Por él, mi casa y familia,
mis hermanos y mi padre
voy a abandonar, y sola...

CURRA. Sola no, que yo soy alguien,
y también Antonio va,
y nunca en ninguna parte
la dejaremos... ¡Jesús!

DOÑA LEONOR. ¿Y mañana?

CURRA. Día grande.
Usted, la adorada esposa
será del más adorable,

rico y lindo caballero
que puede en el mundo hallarse,
y yo, la mujer de Antonio.
Y a ver tierras muy distantes
iremos ambas… ¡Qué bueno!

DOÑA LEONOR. ¿Y mi anciano y tierno padre?

CURRA. ¿Quién?… ¿Señor?… Rabiará un poco,
pateará, contará el lance
al Capitán general
con sus pelos y señales;
fastidiará al asistente,
y también a sus compadres
el canónigo, el jurado
y los vejetes maestrantes;
saldrán mil requisitorias
para buscarnos en balde,
cuando nosotras estemos
ya seguritas en Flandes.
Desde allí escribirá usted,
y comenzará a templarse
señor, y a los nueve meses,
cuando sepa hay un infante,
que tiene sus mismos ojos,
empezará a consolarse.
Y nosotras, chapurrando,
que no nos entienda nadie,
volveremos de allí a poco,
a que con festejos grandes

nos reciban, y todito
será banquetes y bailes.

DOÑA LEONOR. ¿Y mis hermanos del alma?

CURRA. ¡Toma! ¡Toma!... Cuando agarren
del generoso cuñado,
uno, con que hacer alarde
de vistosos uniformes
y con que rendir beldades;
y el otro, para libracos,
merendonas y truhanes,
reventarán de alegría.

DOÑA LEONOR. No corre en tus venas sangre.
¡Jesús, y qué cosas tienes!

CURRA. Porque digo las verdades.

DOÑA LEONOR. ¡Ay, desdichada de mí!

CURRA. Desdicha, por cierto grande
el ser adorado dueño
del mejor de los galanes.
Pero, vamos, señorita,
ayúdeme usted, que es tarde.

DOÑA LEONOR. Sí, tarde es, y aún no parece[27]
don Álvaro... ¡Oh, si faltase
esta noche!... ¡Ojalá!... ¡Cielos!...

---

[27] *no parece:* no aparece.

Que jamás estos umbrales
hubiera pisado, fuera
mejor… No tengo bastante
resolución…, lo confieso.
Es tan duro el alejarse
así de su casa… ¡Ay, triste!

(Mira el reloj y sigue en inquietud.)

Las doce han dado… ¡Qué tarde
es ya, Curra! No, no viene.
¿Habrá en esos olivares
tenido algún mal encuentro?
Hay siempre en el Aljarafe
tan mala gente… Y Antonio
¿estará alerta?

CURRA. Indudable
es que está de centinela.

DOÑA LEONOR. *(Con gran sobresalto.)*
¡Curra!… ¿Qué suena?… ¿Escuchaste?

CURRA. Pisadas son de caballos.

DOÑA LEONOR. ¡Ay, él es!…

(Corre al balcón.)

CURRA. Si que faltase
era imposible…

DOÑA LEONOR ¡Dios mío!

(Muy agitada.)

CURRA. Pecho al agua, y adelante.

Escena VII

Don Álvaro, en cuerpo, con una jaquetilla de mangas perdidas sobre una rica chupa de majo, redecilla, calzón de ante, etc., entra por el balcón y se echa en brazos de Leonor.

Don Álvaro. *(Con gran vehemencia.)*
¡Ángel consolador del alma mía!…
¿Van ya los santos cielos
a dar corona eterna a mis desvelos?…
Me ahoga la alegría…
¿Estamos abrazados
para no vernos nunca separados?…
Antes, antes la muerte
que de ti separarme y que perderte.

Doña Leonor. *(Muy agitada.)*
¡Don Álvaro!

Don Álvaro. Mi bien, mi Dios, mi todo.
¿Qué te agita y te turba de tal modo?
¿Te turba el corazón ver que tu amante
se encuentra en este instante
más ufano que el sol? ¡Prenda adorada!

Doña Leonor. Es ya tan tarde…

Don Álvaro. ¿Estabas enojada
porque tardé en venir? De mi retardo
no soy culpado, no, dulce señora;
hace más de una hora
que despechado aguardo

por los alrededores
la ocasión de llegar, y ya temía
que de mi adversa estrella los rigores
hoy deshicieran la esperanza mía.
Mas no, mi bien, mi gloria, mi consuelo;
protcge nuestro amor el santo cielo,
y una carrera eterna de ventura,
próvido[28] a nuestras plantas asegura.
El tiempo no perdamos.
¿Está ya todo listo? Vamos, vamos.

CURRA. Sí; bajo del balcón, Antonio, el guarda,
las maletas espera;
las echaré al momento.
(Va hacia el balcón.)

DOÑA LEONOR. *(Resuelta.)*
Curra, aguarda
detente...: ¡Ay Dios! ¿No fuera,
don Álvaro, mejor?...

DON ÁLVARO. ¿Qué, encanto mío?
¿Por qué tiempo perder? La jaca torda,
la que, cual dices tú, los campos borda;
la que tanto te agrada
por su obediencia y brío,
para ti está, mi dueña, enjaezada.
Para Curra el overo[29].

[28] *próvido:* propicio, benévolo, generoso. Se está refiriendo al cielo.
[29] *overo:* raza de caballo que tiene el pelo de un color parecido al del melocotón.

Para mí el alazán[30] gallardo y fiero…
¡Oh, loco estoy de amor y de alegría!
En San Juan de Alfarache, preparado
todo, con gran secreto, lo he dejado.
El sacerdote en el altar espera;
Dios nos bendecirá desde su esfera;
y cuando el nuevo sol en el oriente
protector de mi estirpe soberana[31],
numen eterno en la región indiana,
la regia pompa de su trono ostente,
monarca de la luz, padre del día,
yo tu esposo seré, tú esposa mía.

DOÑA LEONOR. Es tan tarde… ¡Don Álvaro!

DON ÁLVARO. *(A CURRA.)*
Muchacha,
¿qué te detiene ya? Corre, despacha
por el balcón esas maletas, luego…

DOÑA LEONOR. *(Fuera de sí.)*
Curra, Curra, detente.
¡Don Álvaro!

DON ÁLVARO. ¡Leonor!

DOÑA LEONOR. ¡Dejadlo os ruego
para mañana!

DON ÁLVARO. ¿Qué?

---

[30] *alazán:* raza de caballo que tiene el pelo de color rojizo.
[31] *estirpe soberana:* alusión a su sangre real, como hijo de una princesa.

DOÑA LEONOR. Más fácilmente…

DON ÁLVARO. *(Demudado y confuso.)*
¿Qué es esto, qué, Leonor?
¿Te falta ahora
resolución?… ¡Ay, yo, desventurado!

DOÑA LEONOR. ¡Don Álvaro! ¡Don Álvaro!

DON ÁLVARO. ¡Señora!

DOÑA LEONOR. ¡Ay! Me partís el alma…

DON ÁLVARO. Destrozado
tengo yo el corazón… ¿Dónde está, [dónde,
vuestro amor, vuestro firme juramento?
Mal con vuestra palabra corresponde
tanta irresolución en tal momento.
¡Tan súbita mudanza!…
No os conozco, Leonor. Llevose [el viento
de mi delirio toda la esperanza?
Sí, he cegado en el punto
en que alboraba[32] el más risueño día.
Me sacarán difunto
de aquí, cuando inmortal salir creía.
Hechicera engañosa,
¿la perspectiva hermosa

[32] *alboraba:* se iniciaba.

que falaz me ofreciste así deshaces?
¡Pérfida! ¿Te complaces
en levantarme al trono del Eterno,
para después hundirme en el infierno?...
¿Solo me resta ya...?

DOÑA LEONOR. *(Echándose en sus brazos.)*
No, no, te adoro.
¡Don Álvaro!... ¡Mi bien!...
[Vamos, sí, vamos.

DON ÁLVARO. ¡Oh mi Leonor!...

CURRA. El tiempo no perdamos.

DON ÁLVARO. ¡Mi encanto! ¡Mi tesoro!
(DOÑA LEONOR, muy abatida,
se apoya en el hombro de DON ÁLVARO,
con muestras de desmayarse.)
¿Mas qué es esto? ¡Ay de mí!
[¡Tu mano yerta
me parece la mano de una muerta...!
Frío está tu semblante
como la losa de un sepulcro helado...

DOÑA LEONOR. ¡Don Álvaro!

DON ÁLVARO. ¡Leonor! *(Pausa.)*
[Fuerza bastante
hay para todo en mí... ¡Desventurado!
La conmoción conozco que te agita,
inocente Leonor. Dios no permita

que por debilidad en tal momento
sigas mis pasos, y mi esposa seas.
Renuncio a tu palabra y juramento;
hachas de muerte las nupciales teas
fueran para los dos... Si no me amas
como te amo yo a ti... Si arrepentida...

Doña Leonor. Mi dulce esposo, con el alma y vida
es tuya tu Leonor; mi dicha fundo
en seguirte hasta el fin del ancho
[mundo.
Vamos, resuelta estoy, fijé mi suerte;
separarnos podrá solo la muerte.

(Van hacia el balcón, cuando de repente se oye ruido, ladridos y abrir y cerrar puertas.)

Doña Leonor.—¡Dios mío! ¿Qué ruido es este? ¡Don Álvaro!

Curra.—Parece que han abierto la puerta del patio... y la de la escalera...

Doña Leonor.—¿Se habrá puesto malo mi padre?...

Curra.—¡Qué! No, señora, el ruido viene de otra parte.

Doña Leonor.—¿Habrá llegado alguno de mis hermanos?

Don Álvaro.—Vamos, vamos, Leonor, no perdamos un instante.

(Vuelven hacia el balcón y de repente se ve por él el resplandor de hachones de viento, y se oye galopar de caballos.)

Doña Leonor.—Somos perdidos… Estamos descubiertos… Imposible es la fuga.

Don Álvaro.—Serenidad es necesario en todo caso.

Curra.—La Virgen del Rosario nos valga, y las ánimas benditas… ¿Qué será de mi pobre Antonio? *(Se asoma al balcón y grita.)* ¡Antonio! ¡Antonio!

Don Álvaro.—¡Calla, maldita! No llames la atención hacia este lado; entorna el balcón.

(Se acerca el ruido de puertas y pisadas.)

Doña Leonor.—¡Ay desdichada de mí!… Don Álvaro, escóndete… aquí… en mi alcoba…

Don Álvaro.—*(Resuelto.)* No, yo no me escondo… No te abandono en tal conflicto. *(Prepara una pistola.)* Defenderte y salvarte es mi obligación.

Doña Leonor.—*(Asustadísima.)* ¿Qué intentas? ¡Ay! Retira esa pistola, que me hiela la sangre… Por Dios suéltala… ¿La dispararás contra mi buen padre?… ¿Contra alguno de mis hermanos?… ¿Para matar a alguno de los fieles y antiguos criados de esta casa?

Don Álvaro.—*(Profundamente confundido.)* No, no, amor mío… La emplearé en dar fin a mi desventurada vida.

Doña Leonor.—¡Qué horror! ¡Don Álvaro!

Escena VIII

Ábrese la puerta con estrépito después de varios golpes en ella, y entra el Marqués en bata y gorro con un espadín desnudo en la mano, y detrás, dos criados mayores con luces.

Marqués.—*(Furioso.)* ¡Vil seductor!… ¡Hija infame!

Doña Leonor.—*(Arrojándose a los pies de su padre.)* ¡Padre! ¡Padre!

Marqués.—No soy tu padre… Aparta… Y tú, vil advenedizo…

Don Álvaro.—Vuestra hija es inocente… Yo soy el culpado… Atravesadme el pecho. *(Hinca una rodilla.)*

Marqués.—Tu actitud suplicante manifiesta lo bajo de tu condición…

Don Álvaro.—*(Levantándose.)* ¡Señor marqués!… ¡Señor marqués!

Marqués.—*(A su hija.)* Quita, mujer inicua[33]. *(A Curra, que le sujeta el brazo.)* Y tú, infeliz…, ¿osas tocar a tu señor? *(A los criados.)* Ea, echaos sobre ese infame, sujetadle, atadle…

Don Álvaro.—*(Con dignidad.)* Desgraciado del que me pierda el respeto. *(Saca una pistola y la monta.)*

[33] *inicua:* malvada, injusta.

Doña Leonor.— *(Corriendo hacia Don Álvaro.)* ¡Don Álvaro!… ¿Qué vais a hacer?

Marqués.—Echaos sobre él al punto.

Don Álvaro.—¡Ay de vuestros criados si se mueven! Vos solo tenéis derecho para atravesarme el corazón.

Marqués.—¿Tú morir a manos de un caballero? No, morirás a las del verdugo.

Don Álvaro.—¡Señor marqués de Calatrava!… Mas, ¡ah!, no; tenéis derecho para todo… Vuestra hija es inocente… Tan pura como el aliento de los ángeles que rodean el trono del Altísimo. La sospecha a que puede dar origen mi presencia aquí a tales horas concluya con mi muerte; salga envolviendo mi cadáver como si fuera mortaja… Sí, debo morir…, pero a vuestras manos. *(Pone una rodilla en tierra.)* Espero resignado el golpe, no lo resistiré: ya me tenéis desarmado.

(Tira la pistola, que al dar en tierra se dispara y hiere al Marqués, que cae moribundo en los brazos de su hija y de los criados, dando un alarido.)

Marqués.—Muerto soy… ¡Ay de mí!…

Don Álvaro.—¡Dios mío! ¡Arma funesta! ¡Noche terrible!

Doña Leonor.—¡Padre, padre!

Marqués.—Aparta; sacadme de aquí…, donde muera sin que esta vil me contamine con tal nombre…

Doña Leonor.—¡Padre!…

Marqués.—Yo te maldigo.

(Cae Leonor en brazos de Don Álvaro, que la arrastra hacia el balcón.)

Jornada segunda

La escena es en la villa de Hornachuelos[34] y sus alrededores.

Escena primera

Es de noche, y el teatro representa la cocina de un mesón de la villa de Hornachuelos. Al frente estará la chimenea y el hogar. A la izquierda, la puerta de entrada; a la derecha, dos puertas practicables. A un lado, una mesa larga de pino, rodeada de asientos toscos, y alumbrado todo por un gran candilón. El Mesonero *y el* Alcalde *aparecerán sentados gravemente al fuego. La* Mesonera*, de rodillas guisando. Junto a la mesa, el* Estudiante *cantando y tocando la guitarra. El* Arriero *que habla, cribando cebada en el fondo del teatro. El* Tío Trabuco*, tendido en primer término sobre sus jalmas*[35]*. Los dos* Lugareños*, las dos* Lugareñas*, la* Moza *y uno de los* Arrieros*, que no habla, estarán bailando seguidillas. El otro* Arriero*, que no habla, estará sentado junto al estudiante, y jaleando a los que bailan. Encima de la mesa habrá una bota de vino, unos vasos y un frasco de aguardiente.*

[34] *Hornachuelos:* villa perteneciente a Córdoba, situada en un cerro escarpado en cuyas cercanías se encuentran el convento de Santa María de los Ángeles y tres ermitas.

[35] *jalmas:* aparejos de las caballerías.

ESTUDIANTE.

(Cantando en voz recia al son de la guitarra, y las tres parejas bailando con gran algazara.)

Poned en estudiantes
vuestro cariño,
que son, como discretos,
agradecidos.
Viva Hornachuelos,
vivan de sus muchachas
los ojos negros.
Dejad a los soldados,
que es gente mala,
y así que dan el golpe
vuelven la espalda.
Viva Hornachuelos,
vivan de sus muchachas
los ojos negros.

MESONERA.—*(Poniendo una sartén sobre la mesa.)* Vamos, vamos que se enfría… *(A la MOZA.)* Pepa, al avío.

ARRIERO.—*(El del cribo.)* Otra coplita.

ESTUDIANTE.—*(Dejando la guitarra.)* Abrenuncio[36]. Antes de todo, la cena.

MESONERA.—Y si después quiere la gente seguir bailando y alborotando, váyanse al corral o a la calle, que

[36] *abrenuncio:* del latín *abrenunciare*. Significa «renuncio».

hay una luna clara como de día. Y dejen en silencio el mesón, que si unos quieren jaleo, otros quieren dormir. Pepa, Pepa... ¿No digo que basta ya de zangoloteo[37]?

Tío Trabuco.—*(Acostado en sus arreos.)* Tía Colasa, usted está en lo cierto. Yo, por mí, quiero dormir.

Mesonero.—Sí, ya basta de ruido. Vamos a cenar. Señor alcalde, eche su merced la bendición y venga a tomar una presita[38].

Alcalde.—Se agradece, señor Monipodio[39].

Mesonera.—Pero acérquese su merced.

Alcalde.—Que eche la bendición el señor licenciado.

Estudiante.—Allá voy, y no seré largo, que huele el bacalao a gloria. *In nomine Patris et Filii et Spiritus Sancti.*

Todos.—Amén. *(Se van acomodando alrededor de la mesa, todos menos el Tío Trabuco.)*

Mesonera.—Tal vez el tomate no estará bastante cocido, y el arroz estará algo duro... Pero con tanta babilonia[40] no se puede.

---

[37] *zangoloteo:* acción de moverse las personas de una parte a otra sin orden ni propósito alguno.

[38] *presita:* tajadita o porción pequeña de algo comestible.

[39] *Monipodio:* personaje procedente de la novela picaresca *Rinconete y Cortadillo,* de Cervantes.

[40] *babilonia:* sinónimo de desorden.

Arriero.—Está diciendo «comedme, comedme».

Estudiante.—*(Comiendo con ansia.)* Está exquisito… especial; parece ambrosía[41]…

Mesonera.—Alto allá, señor bachiller; la tía Ambrosia no me gana a mí a guisar ni sirve para descalzarme el zapato; no, señor.

Arriero.—La tía Ambrosia es más puerca que una telaraña.

Mesonero.—La tía Ambrosia es un guiñapo, es un paño de aporrear moscas; se revuelven las tripas de entrar en su mesón, y compararla con mi Colasa no es regular.

Estudiante.—Ya sé yo que la señora Colasa es pulcra, y no lo dije por tanto.

Alcalde.—En toda la comarca de Hornachuelos no hay una persona más limpia que la señora Colasa, ni un mesón como el del señor Monipodio.

Mesonera.—Como que cuantas comidas de boda se hacen en la villa pasan por estas manos que ha de comer la tierra. Y de las bodas de señores, no le parezca a usted, señor bachiller… Cuando se casó el escribano con la hija del regidor…

---

[41] *ambrosía:* la palabra se refiere al manjar que se servía a los dioses. Aquí se origina un equívoco al equipararlo con el nombre de la tía Ambrosia.

Estudiante.—Con que se le puede decir a la señora Colasa, *tu das mihi epulis accumbere divum*[42].

Mesonera.—Yo no sé latín, pero sé guisar… Señor alcalde, moje siquiera una sopa.

Alcalde.—Tomaré, por no despreciar, una cucharadita de gazpacho, si es que lo hay.

Mesonero.—¿Cómo que si lo hay?

Mesonera.—¿Pues había de faltar donde yo estoy?… ¡Pepa! *(A la Moza.)* Anda a traerlo. Está sobre el brocal del pozo, desde media tarde, tomando el fresco. *(Vase la Moza.)*

Estudiante.—*(Al Arriero que está acostado.)* ¡Tío Trabuco, hola, tío Trabuco! ¿No viene usted a hacer la razón?

Tío Trabuco.—No ceno.

Estudiante.—¿Ayuna usted?

Tío Trabuco.—Sí, señor, que es viernes.

Mesonero.—Pero un traguito…

Tío Trabuco.—Venga. *(Le alarga el Mesonero la bota, y bebe un trago el Tío Trabuco.)* ¡Jú! Esto es zupia[43].

---

[42] *tu das mihi epulis accumbere divum:* «me haces tomar parte en el festín que se ofrece a los dioses».

[43] *zupia:* vino de poca calidad, enturbiado por el poso.

Alárgueme usted, tío Monipodio, el frasco del aguardiente para enjuagarme la boca. *(Bebe y se acurruca.)*

Moza.—*(Entrando con una fuente de gazpacho.)* Aquí está la gracia de Dios.

Todos.—Venga, venga.

Estudiante.—Parece, señor alcalde, que esta noche hay mucha gente forastera en Hornachuelos.

Arriero.—Las tres posadas están llenas.

Alcalde.—Como es el jubileo de la Porciúncula[44], y el convento de San Francisco de los Ángeles, que está aquí en el desierto, a media legua corta, es tan famoso… Viene mucha gente a confesarse con el padre Guardián, que es un siervo de Dios.

Mesonera.—Es un santo.

Mesonero.—*(Toma la bota y se pone de pie.)* Jesús, por la buena compañía, y que Dios nos dé salud y pesetas en esta vida y la gloria en la eterna. *(Bebe.)*

Todos.—Amén. *(Pasa la bota de mano en mano.)*

Estudiante.—*(Después de beber.)* Tío Trabuco, tío Trabuco, ¿está usted con los angelitos?

[44] *jubileo de la Porciúncula:* fiesta de la orden franciscana, que se celebra el 2 de agosto. La ermita llamada Porciúncula, erigida por San Francisco, se encuentra en el interior de la iglesia de Nuestra Señora de los Ángeles en Asís (Italia).

Tío Trabuco.—Con las malditas pulgas y con sus voces de usted, ¿quién puede estar sino con los demonios?

Estudiante.—Queríamos saber, tío Trabuco, si esa personilla de alfeñique, que ha venido con usted, y que se ha escondido de nosotros, viene a ganar el jubileo.

Tío Trabuco.—Yo no sé nunca a lo que van ni vienen los que viajan conmigo.

Estudiante.—Pero… ¿es gallo o gallina?

Tío Trabuco.—Yo, de los viajeros, no miro más que la moneda, que ni es hembra ni es macho.

Estudiante.—Sí, es género epiceno, como si dijéramos hermafrodita… Pero veo que es usted muy taciturno, tío Trabuco.

Tío Trabuco.—Nunca gasto saliva en lo que no me importa. Y buenas noches, que se me va quedando la lengua dormida, y quiero guardarle el sueño, sonsoniche[45].

Estudiante.—Pues, señor, con el tío Trabuco no hay emboque[46]. Dígame usted, nostrama[47] *(A la Mesonera.)*, ¿por qué no ha venido a cenar el tal caballerito?

[45] *sonsoniche:* sonsonete. Exclamación que denota hartazgo de escuchar algo que se repite. Puede equivaler a «¡silencio!».
[46] *emboque:* engaño.
[47] *nostrama:* contracción familiar de «nuestra ama»..

Mesonera.—Yo no sé.

Estudiante.—Pero, vamos, ¿es hembra o varón?

Mesonera.—Que sea lo que sea, lo cierto es que le vi el rostro, por más que se lo recataba, cuando se apeó del mulo, y que lo tiene como un sol, y eso que traía los ojos, de llorar y de polvo, que daba compasión.

Estudiante.—¡Oiga!

Mesonera.—Sí, señor, y en cuanto se metió en ese cuarto, volviéndome siempre la espalda, me preguntó cuánto había de aquí al convento de los Ángeles, y yo se lo enseñé desde la ventana, que como está tan cerca se ve clarito, y...

Estudiante.—¡Hola, conque es pecador que viene al jubileo!

Mesonera.—Yo no sé. Luego se acostó; digo, se echó en la cama, vestido, y bebió antes un vaso de agua con unas gotas de vinagre.

Estudiante.—Ya, para refrescar el cuerpo.

Mesonera.—Y me dijo que no quería luz, ni cena, ni nada, y se quedó como rezando el Rosario entre dientes. A mí me parece que es persona muy...

Mesonero.—Charla, charla... ¿Quién diablos te mete en hablar de los huéspedes?... ¡Maldita sea tu lengua!

Mesonera.—Como el señor licenciado quería saber...

Estudiante.—Sí, señora Colasa; dígame usted…

Mesonero.—*(A su mujer.)* ¡Chitón![48].

Estudiante.—Pues, señor, volvamos al tío Trabuco. ¡Tío Trabuco, tío Trabuco! *(Se acerca a él y le despierta.)*

Tío Trabuco.—¡Malo!… ¿Me quiere usted dejar en paz?

Estudiante.—Vamos, dígame usted, esa persona, ¿cómo viene en el mulo, a mujeriegas o a horcajadas?

Tío Trabuco.—¡Ay qué sangre!… De cabeza.

Estudiante.—Y dígame usted, ¿de dónde salió usted esta mañana, de Posadas o de Palma[49]?

Tío Trabuco.—Yo no sé sino que tarde o temprano voy al cielo.

Estudiante.—¿Por qué?

Tío Trabuco.—Porque ya me tiene usted en el purgatorio.

Estudiante.—*(Se ríe.)* ¡Ah, ah, ah!… ¿Y va usted a Extremadura?

Tío Trabuco.—*(Se levanta, recoge sus jalmas y se va con ellas muy enfadado.)* No, señor, a la caballeriza, huyendo

---

[48] *¡Chitón!:* «¡A callar!».

[49] *Palma:* se refiere a Palma del Río, que, como Posadas, pertenece a la provincia de Córdoba.

de usted, y a dormir con mis mulos, que no saben latín, ni son bachilleres.

Estudiante.—*(Se ríe.)* ¡Ah, ah, ah, ah! Se atufó… ¡Hola, Pepa, salerosa! ¿Y no has visto tú al escondido?

Moza.—Por la espalda.

Estudiante.—¿Y en qué cuarto está?

Moza.—*(Señala la primera puerta de la derecha.)* En ese…

Estudiante.—Pues ya que es lampiño, vamos a pintarle unos bigotes con tizne… Y cuando se despierte por la mañana reiremos un poco. *(Se tizna los dedos y va hacia el cuarto.)*

Algunos.—Sí…, sí.

Mesonero.—No, no.

Alcalde.—*(Con gravedad.)* Señor estudiante, no lo permitiré yo, pues debo proteger a los forasteros que llegan a esta villa, y administrarles justicia como a los naturales de ella.

Estudiante.—No lo dije por tanto, señor alcalde…

Alcalde.—Yo sí. Y no fuera malo saber quién es el señor licenciado, de dónde viene y adónde va, pues parece algo alegre de cascos.

Estudiante.—Si la justicia me lo pregunta de burlas o de veras, no hay inconveniente en decirlo, que aquí se juega limpio. Soy el bachiller Pereda, graduado por Salamanca, *in utroque*[50], y hace ocho años que curso sus escuelas, aunque pobre, con honra, y no sin fama. Salí de allí hace más de un año, acompañando a mi amigo y protector el señor licenciado Vargas, y fuimos a Sevilla, a vengar la muerte de su padre el marqués de Calatrava, y a indagar el paradero de su hermana, que se escapó con el matador. Pasamos allí algunos meses, donde también estuvo su hermano mayor, el actual marqués, que es oficial de Guardias. Y como no lograron su propósito, se separaron jurando venganza. Y el licenciado y yo nos vinimos a Córdoba, donde dijeron que estaba la hermana. Pero no la hallamos tampoco, y allí supimos que había muerto en la refriega que armaron los criados del marqués, la noche de su muerte, con los del robador y asesino, y que este se había vuelto a América. Con lo que marchamos a Cádiz, donde mi protector, el licenciado Vargas, se ha embarcado para buscar allá al enemigo de su familia. Y yo me vuelvo a mi universidad a desquitar el tiempo perdido y a continuar mis estudios; con los que y la ayuda de Dios, puede ser que me vea algún día gobernador del Consejo o arzobispo de Sevilla.

ALCALDE.—Humos tiene el señor bachiller, y ya basta, pues se ve en su porte y buena explicación que es hombre de bien, y que dice verdad.

[50] *in utroque:* referencia en latín a que es licenciado en los derechos civil y canónico, aunque no los nombra y los da por sobreentendidos.

MESONERA.—Dígame usted, señor estudiante, ¿y qué, mataron a ese marqués?

ESTUDIANTE.—Sí.

MESONERA.—¿Y lo mató el amante de su hija y luego la robó?… ¡Ay! Cuéntenos su merced esa historia, que será muy divertida; cuéntela su merced…

MESONERO.—¿Quién te mete a ti en saber vidas ajenas? ¡Maldita sea tu curiosidad! Pues que ya hemos cenado, demos gracias a Dios, y a recogerse. *(Se ponen todos en pie, y se quitan el sombrero, como que rezan.)* Eh, buenas noches; cada mochuelo a su olivo.

ALCALDE.—Buenas noches, y que haya juicio y silencio.

ESTUDIANTE.—Pues me voy a mi cuarto. *(Se va a meter en el del viajero incógnito.)*

MESONERO.—¡Hola! No es ese; el de más allá.

ESTUDIANTE.—Me equivoqué.

(Vanse el ALCALDE y los LUGAREÑOS; entra el ESTUDIANTE en su cuarto; la MOZA, el ARRIERO y la MESONERA retiran la mesa y bancos, dejando la escena desembarazada. El MESONERO se acerca al hogar, y queda todo en silencio y solos el MESONERO y la MESONERA.)

Escena II

MESONERO. Colasa, para medrar[51]
en nuestro oficio, es forzoso
que haya en la casa reposo,
y a ninguno incomodar.
Nunca meterse a oliscar
quiénes los huéspedes son.
No gastar conversación
con cuantos llegan aquí.
Servir bien, decir «no» o «sí»,
cobrar la mosca, y chitón.

MESONERA. No, por mí no lo dirás,
bien sabes que callar sé.
Al bachiller pregunté…

MESONERO. Pues esto estuvo de más.

MESONERA. También ahora extrañarás
que entre en ese cuarto a ver
si el huésped ha menester
alguna cosa, marido,
pues es, sí, lo he conocido,
una afligida mujer.

(Toma un candil y entra la MESONERA *muy recatadamente en el cuarto.)*

---

[51] *medrar:* tener éxito.

MESONERO. Entra, que entrar es razón,
aunque temo a la verdad,
que vas por curiosidad,
más bien que por compasión.

MESONERA. *(Saliendo muy asustada.)*
¡Ay, Dios mío! Vengo muerta;
desapareció la dama;
nadie he encontrado en la cama,
y está la ventana abierta.

MESONERO. ¿Cómo? ¿Cómo?... Ya lo sé...
La ventana al campo da,
y como tan baja está,
sin gran trabajo se fue.
(Andando hacia el cuarto donde entró la mujer, quedándose él a la puerta.)
Quiera Dios no haya cargado
con la colcha nueva.

MESONERA. *(Dentro.)*
Nada,
todo está aquí... ¡Desdichada!
Hasta dinero ha dejado...
Sí, sobre la mesa un duro.

MESONERO. Vaya entonces en buena hora.

MESONERA. *(Saliendo a la escena.)*
No hay duda, es una señora,
que se encuentra en grande apuro.

MESONERO. Pues con bien la lleve Dios,
y vámonos a acostar,
y mañana no charlar,
que esto quede entre los dos.
Echa un cuarto en el cepillo
de las ánimas, mujer,
y el duro véngame a ver;
échamelo en el bolsillo.

ESCENA III

El teatro representa una plataforma en la ladera de una áspera montaña. A la izquierda, precipicios y derrumbaderos. Al frente, un profundo valle atravesado por un riachuelo, en cuya margen se ve, a lo lejos, la villa de Hornachuelos, terminando el fondo en altas montañas. A la derecha, la fachada del convento de los Ángeles, de pobre y humilde arquitectura. La gran puerta de la iglesia, cerrada pero practicable, y sobre ella, una claraboya de medio punto por donde se verá el resplandor de las luces interiores; más hacia el proscenio, la puerta de la portería, también practicable y cerrada; en medio de ella, una mirilla o gatera, que se abre y se cierra, y al lado, el cordón de una campanilla. En medio de la escena habrá una gran cruz de piedra tosca y corroída por el tiempo, puesta sobre cuatro gradas que puedan servir de asiento. Estará todo iluminado por una luna clarísima. Se oirá dentro de la iglesia el órgano, y cantar maitines

al coro de los frailes, y saldrá como subiendo
por la izquierda DOÑA LEONOR, *muy fatigada*
y vestida de hombre[52] *con un gabán de mangas,*
sombrero gacho y botines.

DOÑA LEONOR.

Sí…, ya llegué… Dios mío,
gracias os doy rendida.
(Arrodíllase al ver el convento.)
En Ti, Virgen Santísima, confío;
sed el amparo de mi amarga vida.
Este refugio es solo
el que puedo tener de polo a polo.
(Álzase.)
No me queda en la tierra
más asilo y resguardo
que los áridos riscos de esta sierra:
en ella estoy… ¿Aún tiemblo y me acobardo?
(Mira hacia el sitio por donde ha venido.)
¡Ah!… Nadie me ha seguido,
ni mi fuga veloz notada ha sido.
No me engañé, la horrenda historia mía
escuché referir en la posada…
Y ¿quién, cielos, sería
aquel que la contó? ¡Desventurada!
Amigo dijo ser de mis hermanos…

[52] *vestida de hombre:* el Duque de Rivas tomó del teatro clásico disfrazar de hombre a la mujer, lo que daba lugar a numerosos equívocos, por lo común de carácter cómico, y a veces de signo dramático.

¡Oh cielos soberanos!…
¿Voy a ser descubierta?
Estoy de miedo y de cansancio muerta.
(Se sienta mirando en rededor y luego al cielo.)
¡Qué asperezas! ¡Qué hermosa y clara luna!
¡La misma que hace un año
vio la mudanza atroz de mi fortuna
y abrirse los infiernos en mi daño!
(Pausa larga.)
No fue ilusión… Aquel que de mí hablaba
dijo que navegaba
don Álvaro, buscando nuevamente
los apartados climas de Occidente.
¡Oh Dios! ¿Y será cierto?
Con bien arribe de su patria al puerto.
(Pausa.)
¿Y no murió la noche desastrada
en que yo, yo…, manchada
con la sangre infeliz del padre mío,
le seguí…, le perdí?… ¿Y huye el impío?
¿Y huye el ingrato?… ¿Y huye y me abandona?
(Cae de rodillas.)
¡Oh Madre Santa de piedad! Perdona,
perdona, le olvidé. Sí, es verdadera,
lo es, mi resolución. Dios de bondades,
con penitencia austera,
lejos del mundo en estas soledades,
el furor expiaré de mis pasiones.
¡Piedad, piedad, Señor, no me abandones!

(Queda en silencio y como en profunda meditación recostada en las gradas de la cruz, y después de una larga pausa continúa.)

Los sublimes acentos de ese coro
de bienaventurados
y los ecos pausados
del órgano sonoro,
que cual de incienso vaporosa nube
al trono santo del Eterno sube,
difunden en mi alma
bálsamo dulce de consuelo y calma.

(Se levanta resuelta.)

¿Qué me detengo, pues?… Corro al tranquilo…
corro al sagrado asilo…

(Va hacia el convento y se detiene.)

Mas ¿cómo a tales horas?… ¡Ah!… No puedo
ya dilatarlo más; hiélame el miedo
de encontrarme aquí sola. En esa aldea
hay quien mi historia sabe.
En lo posible cabe
que descubierta con la aurora sea.
Este santo prelado
de mi resolución está informado,
y de mis infortunios… Nada temo.
Mi confesor de Córdoba hace días
que las desgracias mías
le escribió largamente…
Sé de su caridad el noble extremo;
me acogerá indulgente.

¿Qué dudo, pues, qué dudo?...
¡Sed, oh Virgen Santísima, mi escudo!
(Llega a la portería y toca la campanilla.)

Escena IV

Se abre la mirilla que está en la puerta, y por ella sale el resplandor de un farol que da de pronto en el rostro de Doña Leonor, *y esta se retira como asustada. El* Hermano Melitón *habla toda esta escena dentro.*

Hermano Melitón.—¿Quién es?

Doña Leonor.—Una persona a quien interesa mucho, mucho, ver al instante al reverendo padre Guardián.

Hermano Melitón.—¡Buena hora de ver al padre Guardián!... La noche está clara, y no será ningún caminante perdido. Si viene a ganar el jubileo, a las cinco se abrirá la iglesia; vaya con Dios; Él le ayude.

Doña Leonor.—Hermano, llamad al padre Guardián. Por caridad.

Hermano Melitón.—¡Qué caridad a estas horas! El padre Guardián está en el coro.

Doña Leonor.—Traigo para su reverencia un recado muy urgente del padre Cleto, definidor del convento de Córdoba, quien ya le ha escrito sobre el asunto de que vengo a hablarle.

Hermano Melitón.—¡Hola!... ¿Del padre Cleto el definidor del convento de Córdoba? Eso es distinto... Iré, iré a decírselo al padre Guardián. Pero dígame, hijo, ¿el recado y la carta son sobre aquel asunto con el padre General, que está pendiente allá en Madrid?...

Doña Leonor.—Es una cosa muy interesante.

Hermano Melitón.—Pero ¿para quién?

Doña Leonor.—Para la criatura más infeliz del mundo.

Hermano Melitón.—¡Mala recomendación!... Pero bueno; abriré la portería, aunque es contra regla, para que entréis a esperar.

Doña Leonor.—No, no, no puedo entrar... ¡Jesús!

Hermano Melitón.—Bendito sea su santo nombre... Pero ¿sois algún excomulgado?... Si no, es cosa rara preferir el esperar al raso. En fin, voy a dar el recado, que probablemente no tendrá respuesta. Si no vuelvo, buenas noches; ahí a la bajadita está la villa, y hay un buen mesón: el de la tía Colasa.

(Ciérrase la ventanilla y Doña Leonor queda muy abatida.)

Escena V

Doña Leonor.

¿Será tan negra y dura
mi suerte miserable,
que este santo prelado
socorro y protección no quiera darme?
La rígida aspereza
y las dificultades
que ha mostrado el portero
me pasman de terror, hielan mi sangre.
Mas no, si da el aviso
al reverendo padre,
y este es tan docto y bueno
cual dicen todos, volará a ampararme.
¡Oh Soberana Virgen,
de desdichados Madre!
Su corazón ablanda
para que venga pronto a consolarme.

(Queda en silencio; da la una el reloj del convento; se abre la portería, en la que aparecen el Padre Guardián *y el* Hermano Melitón *con un farol; este se queda en la puerta y aquel sale a la escena.)*

Escena VI

Doña Leonor, el Padre Guardián
y el Hermano Melitón.

P. Guardián. El que me busca ¿quién es?

Doña Leonor. Yo soy, padre, que quería…

P. Guardián. Ya se abrió la portería;
entrad en el claustro, pues.

Doña Leonor. *(Muy sobresaltada.)*
¡Ah!… Imposible; padre, no.

P. Guardián. ¡Imposible!… ¿Qué decís?…

Doña Leonor. Si que os hable permitís,
aquí solo puedo yo.

P. Guardián. Si os envía el padre Cleto,
hablad, que es mi grande amigo.

Doña Leonor. Padre, que sea sin testigo,
porque me importa el secreto.

P. Guardián. ¿Y quién?… Mas ya os entendí.
Retiraos, fray Melitón,
y encajad ese portón;
dejadnos solos aquí.

H. Melitón. ¿No lo dije? Secretitos.
Los misterios, ellos solos,

que los demás somos bolos
para estos santos benditos.

P. GUARDIÁN. ¿Qué murmura?

H. MELITÓN. Que está tan
premiosa esta puerta..., y luego...

P. GUARDIÁN. Obedezca, hermano lego.

H. MELITÓN. Ya me la echó de guardián.

(Ciérrase la puerta y vase.)

ESCENA VII

Doña LEONOR y el PADRE GUARDIÁN.

P. GUARDIÁN. *(Acercándose a LEONOR.)*
Ya estamos, hermano, solos.
Mas ¿por qué tanto misterio?
¿No fuera más conveniente
que entrarais en el convento?
No sé qué pueda impedirlo...
Entrad, pues, que yo os lo ruego;
entrad; subid a mi celda;
tomaréis un refrigerio,
y después...

DOÑA LEONOR. No, padre mío.

P. GUARDIÁN. ¿Qué os horroriza?... No entiendo...

DOÑA LEONOR. *(Muy abatida.)*
Soy una infeliz mujer.

P. GUARDIÁN. *(Asustado.)*
¡Una mujer!… ¡Santo cielo!
¡Una mujer!… A estas horas,
en este sitio… ¿Qué es esto?

DOÑA LEONOR. Una mujer infelice[53],
maldición del universo,
que a vuestras plantas rendida
(Se arrodilla.)
os pide amparo y remedio,
pues vos podéis libertarla
de este mundo y del infierno.

P. GUARDIÁN. Señora, alzad. Que son grandes
(La levanta.)
vuestros infortunios creo,
cuando os miro en este sitio
y escucho tales lamentos.
Pero ¿qué apoyo, decidme,
qué amparo prestaros puedo
yo, un humilde religioso
encerrado en estos yermos?

DOÑA LEONOR. ¿No habéis, padre, recibido
la carta que el padre Cleto…?

P. GUARDIÁN. *(Recapacitando.)*
¿El padre Cleto os envía?

[53] *infelice:* el añadido de una vocal al final de palabra (paragoge) era una figura de dicción según la preceptiva tradicional.

DOÑA LEONOR. A vos, cual solo remedio
de todos mis infortunios;
si, benigno, los intentos
que a estos montes me conducen
permitís tengan efecto.

P. GUARDIÁN. *(Sorprendido.)*
¿Sois doña Leonor de Vargas?
¿Sois, por dicha…? ¡Dios eterno!

DOÑA LEONOR. *(Abatida.)*
¡Os horroriza el mirarme!

P. GUARDIÁN. *(Afectuoso.)*
No, hija mía; no, por cierto,
ni permita Dios que nunca
tan duro sea mi pecho
que a los desgraciados niegue
la compasión y el respeto.

DOÑA LEONOR. ¡Yo lo soy tanto!

P. GUARDIÁN. Señora,
vuestra agitación comprendo.
No es extraño, no. Seguidme,
venid. Sentaos un momento
al pie de esta cruz; su sombra
os dará fuerza y consuelos.

(Lleva el PADRE GUARDIÁN a DOÑA LEONOR,
y se sientan ambos al pie de la cruz.)

DOÑA LEONOR. ¡No me abandonéis, oh, padre!

P. Guardián. No, jamás; contad conmigo.

Doña Leonor. De este santo monasterio
desde que el término piso,
más tranquila tengo el alma,
con más libertad respiro.
Ya no me cercan, cual hace
un año, que hoy se ha cumplido,
los espectros y fantasmas
que siempre en redor[54] he visto.
Ya no me sigue la sombra
sangrienta del padre mío,
ni escucho sus maldiciones,
ni su horrenda herida miro,
ni…

P. Guardián. ¡Oh, no lo dudo, hija mía!
Libre estáis en este sitio
de esas vanas ilusiones,
aborto de los abismos.
Las insidias del demonio,
las sombras a que da brío
para conturbar al hombre,
no tienen aquí dominio.

Doña Leonor. Por eso aquí busco ansiosa
dulce consuelo y auxilio,
y de la Reina del cielo,
bajo el regio manto abrigo.

[54] *en redor:* alrededor.

P. GUARDIÁN. Vamos despacio, hija mía;
el padre Cleto me ha escrito
la resolución tremenda
que al desierto os ha traído;
pero no basta.

DOÑA LEONOR. Sí basta;
es inmutable…, lo fío;
es inmutable.

P. GUARDIÁN. ¡Hija mía!

DOÑA LEONOR. Vengo resuelta, lo he dicho,
a sepultarme por siempre
en la tumba de estos riscos.

P. GUARDIÁN. ¡Cómo!

DOÑA LEONOR. ¿Seré la primera?…
No lo seré, padre mío.
Mi confesor me ha informado
de que en este santo sitio,
otra mujer infelice
vivió muerta para el siglo.
Resuelta a seguir su ejemplo,
vengo en busca de su asilo:
dármelo, sin duda, puede
la gruta que le dio abrigo;
vos, la protección y amparo
que para ello necesito,
y la soberana Virgen,
su santa gracia y su auxilio.

P. GUARDIÁN. No os engañó el padre Cleto,
pues diez años ha vivido
una santa penitente
en este yermo tranquilo,
de los hombres ignorada,
de penitencias prodigio.
En nuestra iglesia sus restos
están, y yo los estimo
como la joya más rica
de esta casa que, aunque indigno,
gobierno en el santo nombre
de mi padre San Francisco.
La gruta que fue su albergue,
y a que reparos precisos
se le hicieron, está cerca:
en ese hondo precipicio.
Aún existen en su seno
los humildes utensilios
que usó la santa; a su lado,
un arroyo cristalino
brota apacible.

DOÑA LEONOR. Al momento
llevadme allá, padre mío.

P. GUARDIÁN. ¡Oh, doña Leonor de Vargas!
¿Insistís?

DOÑA LEONOR. Sí, padre, insisto.
Dios me manda…

P. GUARDIÁN. Raras veces
Dios tan grandes sacrificios
exige de los mortales.
Y, ¡ay de aquel que de un delirio
en el momento, hija mía,
tal vez se engaña a sí mismo!
Todas las tribulaciones
de este mundo fugitivo
son, señora, pasajeras;
al cabo encuentran alivio.
Y al Dios de bondad se sirve,
y se le aplaca lo mismo
en el claustro, en el desierto,
de la corte en el bullicio,
cuando se le entrega el alma
con fe viva y pecho limpio.

DOÑA LEONOR. No es un acaloramiento,
no un instante de delirio
quien me sugirió la idea
que a buscaros me ha traído.
Desengaños de este mundo,
y un año, ¡ay Dios!, de suplicios,
de largas meditaciones,
de continuados peligros,
de atroces remordimientos,
de reflexiones conmigo,
mi intención han madurado
y esfuerzo me han concedido
para hacer voto solemne

de morir en este sitio.
Mi confesor venerable,
que ya mi historia os ha escrito,
el padre Cleto, a quien todos
llaman santo, y con motivo,
mi resolución aprueba,
aunque, cual vos, al principio
trató de desvanecerla
con sus doctos raciocinios,
y a vuestras plantas me envía
para que me deis auxilio.
No me abandonéis, ¡oh padre!,
por el cielo os lo suplico;
mi resolución es firme,
mi voto, inmutable y fijo,
y no hay fuerza en este mundo
que me saque de estos riscos.

P. Guardián. Sois muy joven, hija mía.
¿Quién lo que el cielo propicio
aún nos puede guardar sabe?

Doña Leonor. Renunció a todo, lo he dicho.

P. Guardián. Acaso aquel caballero…

Doña Leonor. ¿Qué pronunciáis?… ¡Oh martirio!
Aunque inocente, manchado
con sangre del padre mío
está, y nunca, nunca…

P. GUARDIÁN. Entiendo.
Mas de vuestra casa el brillo.
Vuestros hermanos…

DOÑA LEONOR. Mi muerte
solo anhelan vengativos.

P. GUARDIÁN. ¿Y la bondadosa tía
que en Córdoba os ha tenido
un año oculta?

DOÑA LEONOR. No puedo,
sin ponerla en compromiso,
abusar de sus bondades.

P. GUARDIÁN. ¿Y qué? ¿Más seguro asilo
no fuera, y más conveniente,
con las esposas de Cristo,
en un convento?…

DOÑA LEONOR. No, padre;
son tantos los requisitos
que para entrar en el claustro
se exigen… y…, ¡oh, no, Dios mío!,
aunque me encuentro inocente,
no puedo, tiemblo al decirlo,
vivir sino donde nadie
viva y converse conmigo.
Mi desgracia en toda España
suena de modo distinto,
y una alusión, una seña,

una mirada, suplicios
pudieran ser que me hundieran
del despecho en el abismo.
No, ¡¡jamás!... Aquí, aquí solo;
si no me acogéis benigno,
piedad pediré a las fieras
que habitan en estos riscos,
alimento a estas montañas,
vivienda a estos precipicios.
No salgo de este desierto;
una voz hiere mi oído,
voz del cielo, que me dice:
«Aquí, aquí», y aquí respiro.
(Se abraza con la cruz.)
No, no habrá fuerzas humanas
que me arranquen de este sitio.

P. GUARDIÁN. *(Levantándose y aparte.)*
¿Será verdad, Dios eterno?
¿Será tan grande y tan alta
la protección que concede
vuestra Madre Soberana
a mí, pecador indigno,
que cuando soy de esta casa
humilde prelado venga
con resolución tan santa
otra mujer penitente
a ser luz de estas montañas?
¡Bendito seáis, Dios eterno,
cuya omnipotencia narran

estos cielos estrellados,
escabel[55] de vuestras plantas!
¿Vuestra vocación es firme?…
(A Leonor.)
¿Sois tan bienaventurada?…

Doña Leonor. Es inmutable, y cumplirla
la voz del cielo me manda.

P. Guardián. Sea, pues, bajo el amparo
de la Virgen Soberana.
(Extiende una mano sobre ella.)

Doña Leonor. *(Arrojándose a las plantas del P. Guardián.)*
¿Me acogéis?… ¡Oh Dios!… ¡Oh dicha!
¡Cuán feliz vuestras palabras
me hacen en este momento!…

P. Guardián. *(Levantándola.)*
Dad a la Virgen las gracias.
Ella es quien asilo os presta
a la sombra de su casa.
No yo, pecador protervo[56],
vil gusano, tierra, nada.
(Pausa.)

[55] *escabel:* sentido figurado de la palabra, normalmente mueble pequeño destinado al descanso de los pies, aquí referido al descanso espiritual.

[56] *protervo:* destinado a la maldad, perverso. Exageración que el padre Guardián utiliza en un exceso de humildad.

DOÑA LEONOR. Y vos, tan solo vos, ¡oh padre mío!,
sabréis que habito en estas asperezas,
ningún otro mortal.

P. GUARDIÁN. Yo solamente
sabré quién sois. Pero que avise
[es fuerza
a la comunidad de que la ermita
está ocupada y de que vive en ella
una persona penitente. Y nadie,
bajo precepto santo de obediencia,
osará aproximarse de cien pasos,
ni menos penetrar la humilde cerca
que a gran distancia la circunda
[en torno.
La mujer santa, antecesora vuestra,
solo fue conocida del prelado,
también mi antecesor. Que mujer era
lo supieron los otros religiosos
cuando se celebraron sus exequias.
Ni yo jamás he de volver a veros;
cada semana, sí, con gran reserva,
yo mismo os dejaré junto a la fuente
la escasa provisión; de recogerla
cuidaréis vos… Una pequeña esquila,
que está sobre la puerta con su cuerda,
calando a lo interior, tocaréis solo
de un gran peligro en la ocasión
[extrema
o en la hora de la muerte. Su sonido,

a mí o al que, cual yo, prelado sea,
avisará, y espiritual socorro
jamás os faltará... No, nada tema.
La Virgen de los Ángeles os cubre
con su manto; será vuestra defensa
el ángel del Señor.

DOÑA LEONOR. Mas mis hermanos...
O bandidos tal vez...

P. GUARDIÁN. Y ¿quién pudiera
atreverse, hija mía, sin que al punto
sobre él tronara la venganza eterna?
Cuando vivió la penitente antigua
en este mismo sitio adonde os lleva
gracia especial del brazo omnipotente,
tres malhechores, con audacia ciega,
llegar quisieron al albergue santo;
al momento una horrísona[57]
[tormenta
se alzó, enlutando el indignado cielo,
y un rayo desprendido de la esfera
hizo ceniza a dos de los bandidos,
y el tercero, temblando, a nuestra iglesia
acogiose, vistió el escapulario,
abrazando contrito nuestra regla,
y murió a los dos meses.

[57] *horrísona:* se refiere a una tormenta que causó horror o espanto con su pavoroso sonido.

DOÑA LEONOR. Bien, ¡oh padre!,
pues que encontré donde
[esconderme pueda
a los ojos del mundo, conducidme,
sin tardanza llevadme…

P. GUARDIÁN. Al punto sea,
que ya la luz del alba se avecina.
Mas antes entraremos en la iglesia;
recibiréis mi absolución, y luego
el pan de vida y de salud eterna[58].
Vestiréis el sayal de San Francisco,
y os daré avisos que importaros puedan
para la santa y penitente vida
a que con gloria tanta estáis resuelta.

ESCENA VIII

P. GUARDIÁN. ¡Hola!… Hermano Melitón.
¡Hola!… Despierte le digo;
de la iglesia abra el postigo.

H. MELITÓN. *(Dentro.)*
Pues qué, ¿ya las cinco son?…
(Sale bostezando.)
Apostaré a que no han dado.
(Bosteza.)

---

[58] *el pan de vida y de salud eterna:* la comunión.

P. GUARDIÁN. La iglesia abra.

H. MELITÓN. No es de día.

P. GUARDIÁN. ¿Replica?… ¡Por vida mía!…

H. MELITÓN. ¿Yo?… En mi vida he replicado.
Bien podía el penitente
hasta las cinco esperar;
difícil será encontrar
un pecador tan urgente.

(Vase y en seguida se oye descorrer el cerrojo de la puerta de la iglesia, y se la ve abrirse lentamente.)

P. GUARDIÁN. *(Conduciendo a LEONOR hacia la iglesia.)*
Vamos al punto, vamos.
En la casa de Dios, hermana, entremos,
su nombre bendigamos,
en su misericordia confiemos.

JORNADA TERCERA

La escena es en Italia, en Veletri[59] y sus alrededores.

ESCENA PRIMERA

El teatro representa una sala corta, alojamiento de oficiales abandonados. En las paredes estarán colgados, en desorden, uniformes, capotes, sillas de caballos, armas, etc.; en medio habrá una mesa con tapete verde, dos candeleros de bronce con velas de sebo; cuatro oficiales alrededor, uno de ellos con la baraja en la mano; algunas sillas desocupadas.

PEDRAZA.—*(Entra muy deprisa.)* ¡Qué frío está esto!

OFICIAL 1.º.—Todos se han ido en cuanto me han desplumado; no he conseguido tirar ni una buena talla.

PEDRAZA.—Pues precisamente va a venir un gran punto, y si ve esto tan desierto y frío…

OFICIAL 1.º.—¿Y quién es el pájaro?

TODOS.—¿Quién?

[59] *Veletri:* ciudad italiana situada a 30 km al sur de Roma. En sus alrededores se desarrollaron en la primera mitad del siglo XVIII, durante la Guerra de Sucesión austriaca, operaciones militares a las que se alude en esta jornada y en las que participaron conjuntamente españoles y napolitanos.

Pedraza.—El ayudante del general, ese teniente coronel que ha llegado esta tarde con la orden de que al amanecer estemos sobre las armas. Es gran aficionado, tiene mucho rumbo y, a lo que parece, es blanquito[60]. Hemos cenado juntos en casa de la coronela, a quien ya le está echando requiebros, y el taimado de nuestro capellán le marcó por suyo. Le convidó con que viniera a jugar, y ya lo trae hacia aquí.

Oficial 1.º.—Pues señores, ya es este otro cantar. Ya vamos a ser todos unos… ¿Me entienden ustedes?

Todos.—Sí, sí; muy bien pensado.

Oficial 2.º.—Como que es de plana mayor, y será contrario de los pobres pilíes[61].

Oficial 4.º.—A él, y duro.

Oficial 1.º.—Pues para jugar con él tengo baraja preparada, más obediente que un recluta y más florida que el mes de mayo[62]… *(Saca una baraja del bolsillo.)* Y aquí está.

Oficial 3.º.—¡Qué fino es usted, camarada!

Oficial 1.º.—No hay que jugar ases ni figuras. Y al avío, que ya suena gente en la escalera. Tiro, tres a la derecha, nueve a la izquierda.

[60] *blanquito:* aficionado, pero poco avezado en el arte del juego.

[61] *pilíes:* término inexistente en el diccionario de la RAE que parece referirse despectivamente a militares de inferior graduación.

[62] *más florida que el mes de mayo:* baraja con signos y señales, preparada para hacer trampas.

Escena II

Don Carlos de Vargas. El Capellán.

Capellán. Aquí viene, compañeros,
un rumboso aficionado.

Todos. Sea, pues, muy bien llegado.
(Levantándose y volviéndose a sentar.)

Don Carlos. Buenas noches, caballeros.
(Aparte.)
¡Qué casa tan indecente!
Estoy, ¡vive Dios!, corrido
de verme comprometido
a alternar con esta gente.

Oficial 1.º. Sentaos.

(Se sienta Don Carlos, haciéndole todos lugar.)

Capellán. *(Al banquero.)*
Señor capitán
¿y el concurso?

Oficial 1.º. *(Barajando.)*
Se afufó[63]
en cuanto me desbancó;
toditos repletos van.
Se declaró un juego eterno

[63] *se afufó:* salió huyendo.

que no he podido quebrar,
y siempre salió a ganar
una sota del infierno.
Veintidós veces salió,
y jamás a la derecha.

OFICIAL 2.º. El que nunca se aprovecha
de tales gangas soy yo.

OFICIAL 3.º. Y yo, en el juego contrario
me empeñé, que nada vi,
y ya solo estoy aquí
para rezar el Rosario.

CAPELLÁN. Vamos[64].

PEDRAZA. Vamos.

OFICIAL 1.º. Tiro.

DON CARLOS. Juego.

OFICIAL 1.º. Tiro, a la derecha, el as,
y a la izquierda, la sotita.

OFICIAL 2.º. ¡Ya salió la muy maldita,
por vida de Barrabás!...

OFICIAL 1.º. Rey a la derecha, nueve
a la izquierda.

[64] Las frases cortas y rápidas desde el verso 854 al 869 traducen la progresiva pasión de los contrincantes que desembocará en el conflicto del final de la escena.

DON CARLOS. Yo lo gano.

OFICIAL 1.º. *(Paga.)*
¡Tengo apestada la mano!
Tres onzas; nada se debe.
A la derecha, la sota.

OFICIAL 4.º. Ya quebró.

OFICIAL 3.º. Pegarle fuego.

OFICIAL 1.º. A la izquierda, siete.

DON CARLOS. Juego.

OFICIAL 2.º. Solo el verla me rebota.

DON CARLOS. Copo.

CAPELLÁN. ¿Con carta tapada?

OFICIAL 1.º.—Tiro a la derecha el tres.

PEDRAZA. ¡Qué bonita carta es!

OFICIAL 1.º. Cuando sale descargada.
A la izquierda, el cinco.

DON CARLOS. *(Levantándose y sujetando la baraja.)*
No;
con tiento, señor banquero.
(Vuelve su carta.)
Que he ganado mi dinero,
y trampas no sufro yo.

OFICIAL 1.º. ¡Cómo trampas!... ¿Quién osar?...

DON CARLOS. Yo; pegado tras del cinco
está el caballo, buen brinco
le hicisteis, amigo, dar.

OFICIAL 1.º. Soy hombre pundonoroso,
y esto una casualidad…

DON CARLOS. Esta es una iniquidad;
vos, un taimado tramposo.

PEDRAZA. Sois un loco, un atrevido.

DON CARLOS. Vos, un vil, y con la espada…

TODOS. Esta es una casa honrada.

CAPELLÁN. Por Dios, no hagamos rüido[65].

DON CARLOS. *(Echando a rodar la mesa.)*
Abreviemos de razones.

TODOS. *(Tomando las espadas.)*
¡Muera, muera el insolente!

DON CARLOS. *(Sale defendiéndose.)*
¿Qué puede con un valiente
una cueva de ladrones?

(Vanse acuchillando, y dos o tres soldados retiran la mesa, las sillas y desembarazan la escena.)

[65] *rüido:* diéresis obligada por el cómputo silábico. Deben salir 8 sílabas para equipararse con los versos restantes.

Escena III

El teatro representa una selva muy oscura. Aparece al fondo Don Álvaro*, solo, vestido de capitán de granaderos, se acerca lentamente, y dice con gran agitación.*

Don Álvaro. *(Solo.)*

¡Qué carga tan insufrible[66]
es el ambiente vital
para el mezquino mortal
que nace en signo terrible!
¡Qué eternidad tan horrible
la breve vida! Este mundo,
¡qué calabozo profundo
para el hombre desdichado
a quien mira el cielo airado
con su ceño furibundo!
Parece, sí, que a medida
que es más dura y más amarga,
más extiende, más alarga
el destino nuestra vida.
Si nos está concedida
solo para padecer,
y debe muy breve ser
la del feliz, como en pena

[66] Como ya se indicaba en la «Introducción», el monólogo de Don Álvaro recuerda en numerosos puntos al que pronuncia Segismundo en *La vida es sueño* de Calderón de la Barca (véase «Intertextos», número 1).

de que su objeto no llena,
¡terrible cosa es nacer!
Al que tranquilo, gozoso,
vive entre aplausos y honores,
y de inocentes amores
apura el cáliz sabroso;
cuando es más fuerte y brioso,
la muerte sus dichas huella,
sus venturas atropella;
y yo, que infelice soy,
yo, que buscándola voy,
no puedo encontrar con ella.
Mas ¿cómo la he de obtener,
¡desventurado de mí!,
pues cuando infeliz nací,
nací para envejecer?
Si aquel día de placer
(que uno solo he disfrutado),
Fortuna hubiese fijado,
¡cuán pronto muerte precoz
con su guadaña feroz
mi cuello hubiera segado!
Para engalanar mi frente,
allá en la abrasada zona[67],
con la espléndida corona
del imperio de Occidente,

[67] *abrasada zona:* referencia a la región ecuatorial donde nació Don Álvaro en circunstancias adversas que seguidamente desvela a medias.

amor y ambición ardiente
me engendraron de concierto;
pero con tal desacierto,
con tan contraria fortuna,
que una cárcel fue mi cuna
y fue mi escuela el desierto.

Entre bárbaros crecí,
y en la edad de la razón,
a cumplir la obligación
que un hijo tiene, acudí;
mi nombre ocultando, fui
(que es un crimen) a salvar
la vida, y así pagar
a los que a mí me la dieron,
que un trono soñando vieron
y un cadalso al despertar.

Entonces, risueño un día,
uno solo, nada más,
me dio el destino, quizás
con la intención más impía.
Así en la cárcel sombría
mete una luz el sayón,
con la tirana intención
de que un punto el preso vea
el horror que lo rodea
en su espantosa mansión.

¡Sevilla! ¡Guadalquivir!
¡Cuán atormentáis mi mente!...
¡Noche en que vi de repente

mis breves dichas huir!...
¡Oh, qué carga es el vivir!
¡Cielos, saciad el furor!
Socórreme, mi Leonor,
gala del suelo andaluz,
que ya eres ángel de luz
junto al trono del Señor.
  Mírame desde tu altura
sin nombre en extraña tierra,
empeñado en una guerra
por ganar mi sepultura.
¿Qué me importa, por ventura,
que triunfe Carlos[68] o no?
¿Qué tengo de Italia en pro?
¿Qué tengo? ¡Terrible suerte!
Que en ella reina la muerte,
y a la muerte busco yo.
  ¡Cuánto, oh Dios, cuánto se engaña
el que elogia mi ardor ciego,
viéndome siempre en el fuego
de esta extranjera campaña!
Llámanme la prez[69] de España,
y no saben que mi ardor
solo es falta de valor,

[68] *Carlos:* se refiere a Carlos de Borbón, hijo de Felipe V, que reinaría como Carlos III a la muerte de su hermano Fernando VI. Carlos, entonces rey de Nápoles, dirigió a las tropas hispanonapolitanas que vencieron a los austriacos en 1744 en Veletri.

[69] *prez:* el más honrado, estimado o considerado.

pues busco ansioso el morir
por no osar el resistir
de los astros el furor.
Si el mundo colma de honores
al que mata a su enemigo,
el que lo lleva consigo,
¿por qué no puede…?

(Óyese ruido de espadas.)

DON CARLOS. *(Dentro.)*
¡Traidores!

VOCES. *(Dentro.)*
Muera.

DON CARLOS. *(Dentro.)*
¡Viles!

DON ÁLVARO. *(Sorprendido.)*
¡Qué clamores!

DON CARLOS. *(Dentro.)*
¡Socorro!

DON ÁLVARO. *(Desenvainando la espada.)*
Dárselo quiero,
que oigo crujir el acero,
y si a los peligros voy
porque desgraciado soy,
también voy por caballero.

(Éntrase; suena ruido de espadas; atraviesan dos hombres la escena como fugitivos, y vuelven a salir DON ÁLVARO *y* DON CARLOS.*)*

ESCENA IV

DON ÁLVARO y DON CARLOS, con las espadas desnudas.

DON ÁLVARO. Huyeron…, ¿estáis herido?

DON CARLOS. Mil gracias os doy, señor;
sin vuestro heroico valor
de cierto estaba perdido,
y no fuera maravilla:
eran siete contra mí,
y cuando grité, me vi
en tierra ya una rodilla.

DON ÁLVARO. ¿Y herido estáis?

DON CARLOS. *(Reconociéndose.)*
Nada siento.

(Envainan.)

DON ÁLVARO. ¿Quiénes eran?

DON CARLOS. Asesinos.

DON ÁLVARO. ¿Cómo osaron, tan vecinos
de un militar campamento?…

DON CARLOS. Os lo diré francamente:
fue contienda sobre el juego.
Entré sin pensarlo, ciego,
en un casuco indecente…

DON ÁLVARO. Ya caigo; aquí a mano diestra…

DON CARLOS. Sí.

DON ÁLVARO. Que extrañe perdonad,
que un hombre de calidad,
cual vuestro esfuerzo demuestra,
entrara en tal gazapón[70],
donde solo va la hez[71],
la canalla más soez,
de la milicia borrón.

DON CARLOS. Solo el ser recién llegado
puede, señor, disculparme;
vinieron a convidarme,
y accedí deslumbrado.

DON ÁLVARO. ¿Con que ha poco estáis aquí?

DON CARLOS. Diez días ha que llegué
a Italia; dos solo que
al cuartel general fui.
Y esta tarde al campamento
con comisión especial
llegué de mi general,
para el reconocimiento
de mañana. Y si no fuera
por vuestra espada y favor,
mi carrera sin honor
ya estuviera terminada.

---

[70] *gazapón:* garito, lugar clandestino donde juegan los tahúres o fulleros.
[71] *la hez:* la escoria, lo más despreciable de la sociedad.

Mi gratitud sepa, pues,
a quién la vida he debido,
porque el ser agradecido
la obligación mayor es
para el hombre bien nacido.

DON ÁLVARO. *(Con indiferencia.)*
Al acaso.

DON CARLOS. *(Con expresión.)*
Que me deis
vuestro nombre a suplicaros
me atrevo. Y para obligaros,
primero el mío sabréis.
(Aparte.)
Siento no decir verdad:
soy don Félix de Avendaña,
que he venido a esta campaña
solo por curiosidad.
Soy teniente coronel,
y del general Briones
ayudante: relaciones
tengo de sangre con él.

DON ÁLVARO. *(Aparte.)*
¡Qué franco es y qué expresivo!
¡Me cautiva el corazón!

DON CARLOS. Me parece que es razón
que sepa yo por quién vivo,
pues la gratitud es ley.

DON ÁLVARO. Soy… don Fadrique de Herreros,
capitán de granaderos
del regimiento del Rey.

DON CARLOS. *(Con grande admiración y entusiasmo.)*
¿Sois… –¡grande dicha es la mía!–
del ejército español
la gloria, el radiante sol
de la hispana valentía?

DON ÁLVARO. Señor…

DON CARLOS. Desde que llegué
a Italia, solo elogiaros
y prez de España llamaros
por donde quiera escuché.
Y de español tan valiente
anhelaba la amistad.

DON ÁLVARO. Con ella, señor, contad,
que me honráis muy altamente.
Y según os he encontrado
contra tantos combatiendo
bizarramente, comprendo
que seréis muy buen soldado.
Y la gran cortesanía
que en vuestro trato mostráis
dice a voces que gozáis
de aventajada hidalguía.
(Empieza a amanecer.)
Venid, pues, a descansar
a mi tienda.

DON CARLOS. Tanto honor
será muy corto, señor,
que el alba empieza a asomar.

(Se oye a lo lejos tocar generala a las bandas de tambores.)

DON ÁLVARO. Y por todo el campamento
de los tambores el son
convoca a la formación.
Me voy a mi regimiento.

DON CARLOS. Yo también, y a vuestro lado
asistiré en la pelea,
donde os admire y os vea
como a mi ejemplo y dechado.

DON ÁLVARO. Favorecedor y amigo,
si sois cual cortés valiente,
yo de vuestro arrojo ardiente
seré envidioso testigo.

(Vanse.)

ESCENA V

El teatro representa un risueño campo de Italia, al amanecer: se verá a lo lejos el pueblo de Veletri y varios puestos militares; algunos cuerpos de tropas cruzan la escena, y luego sale una compañía de infantería con el CAPITÁN, el TENIENTE y el SUBTENIENTE. DON CARLOS sale a caballo con un ordenanza detrás y coloca la compañía a un lado, avanzando una guerrilla al fondo del teatro.

Don Carlos.—Señor capitán, permaneceréis aquí hasta nueva orden; pero si los enemigos arrollan las guerrillas y se dirigen a esta altura donde está la compañía de Cantabria, marchad a socorrerla a todo trance.

Capitán.—Está bien; cumpliré con mi obligación.

(Vase Don Carlos.)

Escena VI

Capitán.—Granaderos, en su lugar, descanso. Parece que lo entiende este ayudante.

(Salen los oficiales de las filas y se reúnen mirando con un anteojo hacia donde suena rumor de fusilería.)

Teniente.—Se va galopando al fuego como un energúmeno, y la acción se empeña más y más.

Subteniente.—Y me parece que ha de ser muy caliente.

Capitán.—*(Mirando con el anteojo.)* Bien combaten los granaderos del Rey.

Teniente.—Como que llevan a la cabeza a la prez de España, al valiente don Fadrique de Herreros, que pelea como un desesperado.

Subteniente.—*(Tomando el anteojo y mirando con él.)* Pues los alemanes cargan a la bayoneta y con brío; adiós, que nos desalojan de aquel puesto.

(Se aumenta el tiroteo.)

Capitán.—*(Toma el anteojo.)* A ver, a ver... ¡Ay! Si no me engaño, el capitán de granaderos del Rey ha caído o muerto o herido; lo veo claro, claro.

Teniente.—Yo distingo que se arremolina la compañía... y creo que retrocede.

Soldados.—¡A ellos, a ellos!

Capitán.—Silencio. Firmes. *(Vuelve a mirar con el anteojo.)* Las guerrillas también retroceden.

Subteniente.—Uno corre a caballo hacia allá.

Capitán.—Sí, es el ayudante... Está reuniendo la gente y carga... ¡con qué denuedo[72]!... Nuestro es el día.

Teniente.—Sí, veo huir a los alemanes.

Soldados.—¡A ellos!

Capitán.—Firmes, granaderos. *(Mira con el anteojo.)* El ayudante ha recobrado el puesto; la compañía del Rey carga a la bayoneta y lo arrolla todo.

Teniente.—A ver, a ver. *(Toma el anteojo y mira.)* Sí, cierto. Y el ayudante se apea del caballo y retira en sus brazos al capitán don Fadrique. No debe de estar más que herido; se lo llevan hacia Veletri.

[72] *denuedo:* brío, esfuerzo, valor, intrepidez..

TODOS.—Dios nos lo conserve, que es la flor del ejército.

CAPITÁN.—Pero por este lado no va tan bien. Teniente, vaya usted a reforzar con la mitad de la compañía de guerrillas que están en esa cañada, que yo voy a acercarme a la compañía de Cantabria; vamos, vamos.

SOLDADOS.—¡Viva España! ¡Viva España! ¡Viva Nápoles!

(Marchan.)

ESCENA VII

El teatro representa el alojamiento de un oficial superior; al frente estará la puerta de la alcoba practicable y con cortinas. Entra DON ÁLVARO herido y desmayado en una camilla llevada por cuatro granaderos. El CIRUJANO, a un lado, y DON CARLOS, a otro, lleno de polvo y como muy cansado; un soldado traerá la maleta de DON ÁLVARO y la pondrá sobre una mesa; colocarán la camilla en medio de la escena, mientras los granaderos entran en la alcoba a hacer la cama.

DON CARLOS. Con mucho, mucho cuidado,
dejadle aquí, y al momento
entrad a arreglar mi cama.

(Vanse a la alcoba dos de los soldados y quedan otros dos.)

CIRUJANO. Y que haya mucho silencio.

DON ÁLVARO. *(Volviendo en sí.)*
¿Dónde estoy? ¿Dónde?

DON CARLOS. *(Con mucho cariño.)*
En Veletri,
a mi lado, amigo excelso.
Nuestra ha sido la victoria,
tranquilo estad.

DON ÁLVARO. ¡Dios eterno!
Con salvarme de la muerte,
¡qué gran daño me habéis hecho!

DON CARLOS. No digáis tal, don Fadrique,
cuando tan vano me encuentro
de que salvaros la vida
me haya concedido el cielo.

DON ÁLVARO. ¡Ay, don Félix de Avendaña,
qué grande mal me habéis hecho!

(Se desmaya.)

CIRUJANO. Otra vez se ha desmayado;
agua y vinagre.

DON CARLOS. *(A uno de los soldados.)*
Al momento.
(Al CIRUJANO.)
¿Está de mucho peligro?

CIRUJANO. Este balazo del pecho,
en donde aún tiene la bala,
me da muchísimo miedo;
lo que es las otras heridas
no presentan tanto riesgo.

DON CARLOS. *(Con gran vehemencia.)*
Salvad su vida, salvadle;
apurad todos los medios
del arte, y os aseguro
tal galardón…

CIRUJANO. Lo agradezco:
para cumplir con mi oficio
no necesito de cebo,
que en salvar a este valiente
interés muy grande tengo.

(Entra el soldado con un vaso de agua y vinagre. El CIRUJANO *le rocía el rostro y le aplica un pomito a las narices.)*

DON ÁLVARO. *(Vuelve en sí.)*
¡Ay!

DON CARLOS. Ánimo, noble amigo,
cobrad ánimo y aliento;
pronto, muy pronto curado
y restablecido y bueno
volveréis a ser la gloria,
el norte de los guerreros.
Y a vuestras altas hazañas
el rey dará todo el premio
que merecen. Sí, muy pronto,
lozano otra vez, cubierto
de palmas inmarchitables
y de laureles eternos,

con una rica encomienda
se adornará vuestro pecho
de Santiago o Calatrava[73].

DON ÁLVARO. *(Muy agitado.)*
¿Qué escucho? ¿Qué? ¡Santo cielo!
¡Ah!... no, no de Calatrava:
jamás, jamás... ¡Dios eterno!

CIRUJANO. Ya otra vez se desmayó;
sin quietud y sin silencio
no habrá forma de curarlo.
(A DON CARLOS.)
Que no le habléis más os ruego.

(Vuelve a darle agua y a aplicarle el pomito a las narices.)

DON CARLOS. *(Suspenso, aparte.)*
El nombre de Calatrava,
¿qué tendrá?, ¿qué tendrá... –tiemblo–
de terrible a sus oídos?

CIRUJANO. No puedo esperar más tiempo.
¿Aún no está lista la cama?

DON CARLOS. *(Mirando a la alcoba.)*
Ya lo está.

(Salen los dos soldados.)

[73] *Calatrava:* la segunda de estas órdenes militares reaviva los terribles recuerdos de los que Don Álvaro ha querido huir en la batalla.

CIRUJANO. *(A los cuatro soldados.)*
Llevadle luego.

DON ÁLVARO. *(Volviendo en sí.)*
¡Ay de mí!

CIRUJANO. Llevadle.

DON ÁLVARO. *(Haciendo esfuerzos.)*
Esperen.
Poco, por lo que en mí siento,
me queda ya de este mundo,
y en el otro pensar debo.
Mas antes de desprenderme
de la vida, de un gran peso
quiero descargarme. Amigo,
(A DON CARLOS.)
un favor tan solo anhelo.

CIRUJANO. Si habláis, señor, no es posible...

DON ÁLVARO. No volver a hablar prometo.
Pero solo una palabra,
y a él solo, que decir tengo.

DON CARLOS. *(Al CIRUJANO y soldados.)*
Apartad, démosle gusto;
dejadnos por un momento.

(Se retiran el CIRUJANO y los asistentes a un lado.)

DON ÁLVARO. Don Félix, vos solo, solo,
(Dale la mano.)
cumpliréis con lo que quiero

de vos exigir. Juradme
por la fe de caballero
que haréis cuanto aquí os encargue,
con inviolable secreto.

DON CARLOS. Yo os lo juro, amigo mío;
acabad, pues.

(Hace un esfuerzo DON ÁLVARO *como para meter la mano en el bolsillo y no puede.)*

DON ÁLVARO. ¡Ah…, no puedo!
Meted en este bolsillo,
que tengo aquí al lado izquierdo
sobre el corazón, la mano.
(Lo hace DON CARLOS.*)*
¿Halláis algo en él?

DON CARLOS. Sí, encuentro
una llavecita…

DON ÁLVARO. Es esa.
(Saca DON CARLOS *la llave.)*
Con ella abrid, yo os lo ruego,
a solas y sin testigos,
una caja que en el centro
hallaréis de mi maleta.
En ella, con sobre y sello,
un legajo hay de papeles;
custodiadlos con esmero,
y al momento que yo expire
los daréis, amigo, al fuego.

DON CARLOS. ¿Sin abrirlos?

DON ÁLVARO. *(Muy agitado.)*
Sin abrirlos,
que en ellos hay un misterio
impenetrable… ¿Palabra
me dais, don Félix, de hacerlo?

DON CARLOS. Yo os la doy con toda el alma.

DON ÁLVARO. Entonces, tranquilo muero.
Dadme el postrimer[74] abrazo,
y ¡adiós, adiós!

CIRUJANO. *(Enfadado.)*
Al momento
a la alcoba. Y vos, don Félix,
si es que tenéis tanto empeño
en que su vida se salve,
haced que guarde silencio,
y excusad también que os vea,
pues se conmueve en extremo.

(Llévanse los soldados la camilla; entra también el CIRUJANO, y DON CARLOS queda pensativo y lloroso.)

[74] *postrimer:* postrimero, último.

Escena VIII

Don Carlos.

¿Ha de morir… –¡qué rigor!–
tan bizarro militar?
Si no lo puedo salvar
será eterno mi dolor,
puesto que él me salvó a mí.
Y desde el momento aquel
que guardó mi vida él,
guardar la suya ofrecí.
(Pausa.)
Nunca vi tanta destreza
en las armas, y jamás
otra persona de más
arrogancia y gentileza.
Pero es hombre singular,
y en el corto tiempo que
le trato rasgos noté
que son dignos de extrañar.
(Pausa.)
¿Y de Calatrava el nombre
por qué así le horrorizó
cuando pronunciarlo oyó?…
¿Qué hallará en él que le asombre?
¡Sabrá que está deshonrado!…
Será un hidalgo andaluz…
¡Cielos!… ¡Qué rayo de luz
sobre mí habéis derramado

en este momento!... Sí.
¿Podrá ser este el traidor,
de mi sangre deshonor,
el que a buscar vine aquí?
(Furioso y empuñando la espada.)
¿Y aún respira?... No, ahora mismo
a mis manos...
(Corre hacia la alcoba y se detiene.)
¿Dónde estoy?...
¿Ciego a despeñarme voy
de la infamia en el abismo?
¿A quien mi vida salvó,
y que moribundo está,
matar inerme podrá
un caballero cual yo?
(Pausa.)
¿No puede falsa salir
mi sospecha?... Sí... ¿Quién sabe?...
Pero, ¡cielos!, esta llave
todo me lo va a decir.
(Se acerca a la maleta, la abre precipitado, y saca la caja poniéndola sobre la mesa.)
Salid, caja misteriosa,
del destino urna fatal,
a quien con sudor mortal
toca mi mano medrosa;
me impide abrirte el temblor
que me causa el recelar
que en tu centro voy hallar
los pedazos de mi honor.

(Resuelto y abriendo.)
Mas no, que en ti mi esperanza,
la luz que me da el destino,
está para hallar camino
que me lleve a la venganza.
(Abre y saca un legajo sellado.)
Ya el legajo tengo aquí.
¿Qué tardo el sello en romper?...
(Se contiene.)
¡Oh cielos! ¿Qué voy a hacer?
¿Y la palabra que di?
Mas si la suerte me da
tan inesperado medio
de dar a mi honor remedio,
el perderlo ¿qué será?
Si a Italia solo he venido
a buscar al matador
de mi padre y de mi honor,
con nombre y porte fingido,
¿qué importa que el pliego abra,
si lo que vine a buscar
a Italia voy a encontrar?...
Pero no; di mi palabra.
Nadie, nadie aquí lo ve...
¡Cielos, lo estoy viendo yo!
Mas si él mi vida salvó,
también la suya salvé.
Y si es el infame indiano,
el seductor asesino,

¿no es bueno cualquier camino
por donde venga a mi mano?
Rompo esta cubierta, sí,
pues nadie lo ha de saber…
Mas, ¡cielos!, ¿qué voy a hacer?
¿Y la palabra que di?

(Suelta el legajo.)

No, jamás. ¡Cuán fácilmente
nos pinta nuestra pasión
una infame y vil acción
como acción indiferente!
A Italia vine anhelando
mi honor manchado lavar.
¿Y mi empresa he de empezar
el honor amancillando?
Queda, ¡oh secreto!, escondido,
si en este legajo estás,
que un medio infame jamás
lo usa el hombre bien nacido.

(Registrando la maleta.)

Si encontrar aquí pudiera
algún otro abierto indicio
que, sin hacer perjüicio[75]
a mi opinión, me advirtiera…

(Sorprendido.)

¡Cielos!… Lo hay… Esta cajilla,

deposit box

[75] *perjüicio:* diéresis utilizada por motivos rítmicos, para conseguir una sílaba más.

(Saca una cajita como de retrato.)
que algún retrato contiene.
(Reconociéndola.)
Ni sello ni sobre tiene,
tiene solo una aldabilla.
Hasta sin ser indiscreto
reconocerla me es dado;
nada de ella me han hablado,
ni rompo ningún secreto.
Ábrola, pues, en buen hora,
aunque un basilisco[76] vea,
aunque para el mundo sea
caja fatal de Pandora[77].
(La abre, y exclama muy agitado.)
¡Cielos!... No... no me engañé,
esta es mi hermana Leonor...
¿Para qué prueba mayor?...
Con la más clara encontré.
Ya está todo averiguado:
Don Álvaro es el herido.
Brújula el retrato ha sido
que mi norte me ha marcado.
¿Y a la infame... –me atribulo–,
con él en Italia tiene?...
Descubrirlo me conviene

[76] *basilisco:* animal fabuloso al que se atribuía la propiedad de matar con la vista.

[77] *Pandora:* en la mitología griega, Pandora bajó del Olimpo con una caja donde se guardaban todos los males del mundo.

con astucia y disimulo.
¡Cuán feliz será mi suerte
si la venganza y castigo
solo de un golpe consigo,
a los dos dando la muerte!...
Mas... ¡ah!..., no me precipite
mi honra, cielos, ofendida.
Guardad a este hombre la vida
para que yo se la quite.

(Vuelve a colocar los papeles y el retrato en la maleta. Se oye ruido, y queda suspenso.)

Escena IX

El Cirujano, que sale muy contento.

CIRUJANO. Albricias[78] pediros quiero;
ya le he sacado la bala,
(Se la enseña.)
y no es la herida tan mala
cual me pareció primero.

DON CARLOS. *(Le abraza fuera de sí.)*
¿De veras?... Feliz me hacéis;
por ver bueno al capitán,
tengo, amigo, más afán
del que imaginar podéis.

[78] *albricias:* el cirujano, muy satisfecho, pide las gracias y el reconocimiento por su labor.

JORNADA CUARTA

La escena es en Veletri.

ESCENA PRIMERA

El teatro representa una sala corta, de alojamiento militar.
DON ÁLVARO y DON CARLOS.

DON CARLOS. Hoy que vuestra cuarentena[79]
dichosamente cumplís,
¿de salud cómo os sentís?
¿Es completamente buena?...
¿Reliquia[80] alguna notáis
de haber tanto padecido?
¿Del todo restablecido
y listo y fuerte os halláis?

DON ÁLVARO. Estoy como si tal cosa;
nunca tuve más salud,
y a vuestra solicitud
debo mi cura asombrosa.
Sois excelente enfermero;
ni una madre por un hijo

---

[79] *cuarentena:* se refiere a los cuarenta días en los que se debe guardar reposo y aislamiento preventivo tras una enfermedad grave, aquí una intervención quirúrgica.

[80] *reliquia:* sin sentido religioso, significa en este caso restos o molestias derivadas del padecimiento.

muestra un afán más prolijo,
tan gran cuidado y esmero.

DON CARLOS. En extremo interesante
me era la vida salvaros.

DON ÁLVARO. ¿Y con qué, amigo, pagaros
podré interés semejante?
Y aunque gran mal me habéis hecho
en salvar mi amarga vida,
será eterna y sin medida
la gratitud de mi pecho.

DON CARLOS. ¿Y estáis tan repuesto y fuerte
que sin ventaja pudiera
un enemigo cualquiera...?

DON ÁLVARO. Estoy, amigo, de suerte
que en casa del coronel
he estado ya a presentarme,
y de alta acabo de darme
ahora mismo en el cuartel.

DON CARLOS. ¿De veras?

DON ÁLVARO. ¿Os enojáis
porque ayer no os dije acaso
que iba hoy a dar este paso?
Como tanto me cuidáis,
que os opusierais temí,
y estando sano en verdad,

vivir en la ociosidad
no era honroso para mí.

DON CARLOS. ¿Conque ya no os duele nada,
ni hay asomo de flaqueza
en el pecho, en la cabeza,
ni en el brazo de la espada?

DON ÁLVARO. No… Pero parece que
algo, amigo, os atormenta
y que acaso os descontenta
el que yo tan bueno esté.

DON CARLOS. ¡Al contrario!… Al veros bueno,
capaz de entrar en acción,
palpita mi corazón
del placer más alto lleno.
Solamente no quisiera
que os engañara el valor,
y que el personal vigor
en una ocasión cualquiera…

DON ÁLVARO. ¿Queréis pruebas?

DON CARLOS. *(Con vehemencia.)*
Las deseo.

DON ÁLVARO. A la descubierta vamos
de mañana, y enredamos
un rato de tiroteo.

DON CARLOS. La prueba se puede hacer,
pues que estáis fuerte, sin ir

tan lejos a combatir,
que no hay tiempo que perder.

DON ÁLVARO. *(Confuso.)*
No os entiendo…

DON CARLOS. ¿No tendréis,
sin ir a los imperiales,
enemigos personales
con quien probaros podréis?

DON ÁLVARO. ¿A quién le faltan? Mas no
lo que me decís comprendo.

DON CARLOS. Os lo está a voces diciendo
más la conciencia que yo.
Disimular fuera vano…
Vuestra turbación es harta[81]…
¿Habéis recibido carta
de don Álvaro el indiano?

DON ÁLVARO. *(Fuera de sí.)*
¡Ah traidor!… ¡Ah fementido[82]!…
Violaste, infame, un secreto,
que yo débil, yo indiscreto,
moribundo…, inadvertido…

DON CARLOS. ¿Qué osáis pensar?… Respeté
vuestros papeles sellados,

[81] *harta:* mucha.
[82] *fementido:* falso, que no cumple la palabra dada.

que los que nacen honrados
se portan cual me porté.
El retrato de la infame,
vuestra cómplice, os perdió,
y sin lengua me pidió
que el suyo y mi honor reclame.
Don Carlos de Vargas soy,
que por vuestro crimen es
de Calatrava marqués.
Temblad, que ante vos estoy.

DON ÁLVARO. No sé temblar… Sorprendido,
sí, me tenéis…

DON CARLOS. No lo extraño.

DON ÁLVARO. Y usurpar con un engaño
mi amistad, ¿honrado ha sido?
¡Señor marqués!…

DON CARLOS. De esta suerte
no me permito llamar,
que solo he de titular
después de daros la muerte.

DON ÁLVARO. Aconteceros pudiera
sin el título morir.

DON CARLOS. Vamos pronto a combatir,
quedemos o dentro o fuera.
Vamos donde mi furor…

DON ÁLVARO. Vamos, pues, señor don Carlos,
que si nunca fui a buscarlos,
no evito lances de honor.
Mas esperad, que en el alma
del que goza de hidalguía,
no es furia la valentía,
y esta obra siempre con calma.
Sabéis que busco la muerte,
que los riesgos solicito,
pero con vos necesito
comportarme de otra suerte,
y explicaros…

DON CARLOS. Es perder
tiempo toda explicación.

DON ÁLVARO. No os neguéis a la razón,
que suele funesto ser.
Pues trataron las estrellas
por raros modos de hacernos
amigos, ¿a qué oponernos
a lo que buscaron ellas?
Si nos quisieron unir
de mutuos y altos servicios
con los vínculos propicios,
no fue, no, para reñir.
Tal vez fue para enmendar
la desgracia inevitable
de que no fui yo culpable.

DON CARLOS. ¿Y me la osáis recordar?

DON ÁLVARO. ¿Teméis que vuestro valor
se disminuya y se asombre
si halla en su contrario un hombre
de nobleza y pundonor?

DON CARLOS. ¡Nobleza un aventurero!
¡Honor un desconocido!
¡Sin padre, sin apellido,
advenedizo, altanero!

DON ÁLVARO. ¡Ay, que ese error a la muerte,
por más que lo evité yo,
a vuestro padre arrastró!…
No corráis la misma suerte.
Y que infundados agravios
e insultos no ofenden, muestra
el que está ociosa mi diestra
sin arrancaros los labios.
Si un secreto misterioso
romper hubiera podido,
¡oh…, cuán diferente sido[83]…!

DON CARLOS. Guardadlo, no soy curioso;
que solo anhelo venganza
y sangre.

DON ÁLVARO. ¿Sangre?… La habrá.

DON CARLOS. Salgamos al campo ya.

---

[83] *cuán diferente sido:* elipsis del verbo («hubiera») en el pretérito pluscuamperfecto de subjuntivo del verbo *ser*.

DON ÁLVARO. Salgamos sin más tardanza.
(Deteniéndose.)
Mas, don Carlos… ¡Ah! ¿Podréis
sospecharme con razón
de falta de corazón?
No, no, que me conocéis.
Si el orgullo, principal
y tan poderoso agente
en las acciones del ente,
que se dice racional,
satisfecho tengo ahora,
esfuerzos no he de omitir
hasta aplacar conseguir
ese furor que os devora.
Pues mucho repugno yo
el desnudar el acero
con el hombre que primero
dulce amistad me inspiró.
Yo a vuestro padre no herí;
le hirió solo su destino.
Y yo, a aquel ángel divino,
ni seduje ni perdí.
Ambos nos están mirando
desde el cielo; mi inocencia
ven, esa ciega demencia
que os agita condenando.

DON CARLOS. *(Turbado.)*
¿Pues qué?, ¿mi hermana…? ¿Leonor?
(Que con vos aquí no está

lo tengo aclarado ya.)
Mas ¿cuándo ha muerto? ¡Oh furor!

DON ÁLVARO. Aquella noche terrible,
llevándola yo a un convento,
exánime y sin aliento,
se trabó un combate horrible
al salir del olivar
entre mis fieles criados
y los vuestros, irritados,
y no la pude salvar.
Con tres heridas caí,
y un negro de puro fiel
(fidelidad bien cruel)
veloz me arrancó de allí,
falto de sangre y sentido;
tuve en Gelves[84] larga cura,
con accesos de locura,
y apenas restablecido,
ansioso empecé a indagar,
de mi único bien la suerte;
y supe, ¡ay Dios!, que la muerte
en el oscuro olivar…

DON CARLOS. *(Resuelto.)*
¡Basta, imprudente impostor!
¿Y os preciáis de caballero?…

[84] *Gelves:* villa próxima a Sevilla y a los lugares donde se desarrolla la jornada primera y donde han tenido lugar los hechos a los que alude Don Álvaro.

¿Con embrollo tan grosero
queréis calmar mi furor?
Deponed tan necio engaño:
después del funesto día,
en Córdoba, con su tía,
mi hermana ha vivido un año.
Dos meses ha que fui yo
a buscarla, y no la hallé,
pero de cierto indagué
que al verme llegar huyó.
Y el perseguirla he dejado,
porque sabiendo yo allí
que vos estabais aquí,
me llamó mayor cuidado.

DON ÁLVARO. *(Muy conmovido.)*
¡Don Carlos!… ¡Señor!… ¡Amigo!…
¡Don Félix!… ¡Ah, tolerad
que el nombre que en amistad
tan tierna os unió conmigo
use en esta situación!
Don Félix, soy inocente;
bien lo podéis ver patente
en mi nueva agitación.
¡Don Félix!… ¡Don Félix!… ¡Ah!…
¿Vive?… ¿Vive?… ¡Oh, justo Dios!

DON CARLOS. Vive. ¿Y qué os importa a vos?
Muy pronto no vivirá.

DON ÁLVARO. Don Félix, mi amigo, sí.
Pues que vive vuestra hermana,

la satisfacción es llana
que debéis tomar de mí.
A buscarla juntos vamos;
muy pronto la encontraremos,
y en santo nudo estrechemos
la amistad que nos juramos.
¡Oh!… Yo os ofrezco, yo os juro
que no os arrepentiréis
cuando a conocer lleguéis
mi origen excelso y puro.
Al primer grande español
no le cedo en jerarquía,
es más alta mi hidalguía
que el trono del mismo sol.

DON CARLOS. ¿Estáis, don Álvaro, loco?
¿Qué es lo que pensar osáis?
¿Qué proyectos abrigáis?
¿Me tenéis a mí en tan poco?
Ruge entre los dos un mar
de sangre… ¿Yo al matador
de mi padre y de mi honor
pudiera hermano llamar?
¡Oh, afrenta! ¡Aunque fuerais rey!
Ni la infame ha de vivir.
No, tras de vos va a morir,
que es de mi venganza ley.
Si a mí vos no me matáis,
al punto la buscaré,
y la misma espada que

con vuestra sangre tiñáis,
en su corazón…

DON ÁLVARO. Callad,
callad… ¿Delante de mí
osasteis?…

DON CARLOS. Lo juro, sí;
lo juro…

DON ÁLVARO. ¿El qué?… Continuad.

DON CARLOS. La muerte de la malvada,
en cuanto acabe con vos.

DON ÁLVARO. Pues no será, ¡vive Dios!,
que tengo brazo y espada.
Vamos… Libertarla anhelo
de su verdugo. Salid.

DON CARLOS. A vuestra tumba venid.

DON ÁLVARO. Demandad perdón al cielo.

ESCENA II

El teatro representa la plaza principal de Veletri; a un lado y otro se ven tiendas y cafés; en medio, puestos de frutas y verduras; al fondo, la guardia del Principal, y el centinela paseándose delante del armero; los oficiales en grupos a una parte y otra, y la gente del pueblo cruzando en todas direcciones. El TENIENTE, *el* SUBTENIENTE *y* PEDRAZA *se reunirán a un lado de la escena, mientras los* Oficiales *1.º, 2.º, 3.º y 4.º hablan entre sí, después de leer un edicto que está fijado en una esquina, y que llama la atención de todos.*

Oficial 1.º.—El rey Carlos de Nápoles no se chancea; pena de muerte nada menos.

Oficial 2.º.—¿Cómo pena de muerte?

Oficial 3.º.—Hablamos de la ley que se acaba de publicar, y que allí está para que nadie la ignore, sobre desafíos.

Oficial 2.º.—Ya; ciertamente es un poco dura.

Oficial 3.º.—Yo no sé cómo un rey tan valiente y tan joven puede ser tan severo contra los lances de honor.

Oficial 1.º.—Amigo, es que cada uno arrima el ascua a su sardina, y como siempre los desafíos suelen ser entre españoles y napolitanos, y estos llevan lo peor, el rey, que al cabo es rey de Nápoles…

Oficial 2.º.—No; esas son fanfarronadas, pues hasta ahora no han llevado siempre lo peor los napolitanos; acordaos del mayor Cariciolo, que despabiló a dos oficiales.

Todos.—Eso fue una casualidad.

Oficial 1.º.—Lo cierto es que la ley es dura: pena de muerte por batirse, pena de muerte por ser padrino, pena de muerte por llevar cartas; qué sé yo. Pues el primero que caiga…

Oficial 2.º.—No, no es tan rigurosa.

Oficial 1.º.—¿Cómo no? Vean ustedes. Leamos otra vez.

(Se acercan a leer el edicto y se adelantan en la escena los otros.)

Subteniente.—¡Hermoso día!

Teniente.—Hermosísimo. Pero pica mucho el sol.

Pedraza.—Buen tiempo para hacer la guerra.

Teniente.—Mejor es para los heridos convalecientes. Yo me siento hoy enteramente bueno de mi brazo.

Subteniente.—También parece que el valiente capitán de granaderos del Rey está enteramente restablecido. ¡Bien pronto se ha curado!

Pedraza.—¿Se ha dado ya de alta?

Teniente.—Sí, esta mañana. Está como si tal cosa; un poco pálido, pero fuerte. Hace un rato que lo encontré; iba como hacia la Alameda a dar un paseo con su amigote el ayudante don Félix de Avendaña.

Subteniente.—Bien puede estarle agradecido; pues, además de haberlo sacado del campo de batalla, le ha salvado la vida con su prolija y esmerada asistencia.

Teniente.—También puede dar gracias a la habilidad del doctor Pérez, que se ha acreditado de ser el mejor cirujano del ejército.

Subteniente.—Y no lo perderá; pues, según dicen, el ayudante, que es muy rico y generoso, le va a hacer un gran regalo.

PEDRAZA.—Bien puede; pues, según me ha dicho un sargento de mi compañía, andaluz, el tal don Félix está aquí con nombre supuesto, y es un marqués riquísimo de Sevilla.

TODOS.—¿De veras?

(Se oye ruido; se arremolinan todos mirando hacia el mismo lado.)

TENIENTE.—¡Hola! ¿Qué alboroto es aquel?

SUBTENIENTE.—Veamos... Sin duda, algún preso. Pero, ¡Dios mío!, ¿qué veo?

PEDRAZA.—¿Qué es aquello?

TENIENTE.—¿Estoy soñando?... ¿No es el capitán de granaderos del Rey el que traen preso?

TODOS.—No hay duda, es el valiente don Fadrique.

(Se agrupan todos sobre el primer bastidor de la derecha, por donde sale el capitán preboste[85] *y cuatro granaderos, y en medio de ellos, preso, sin espada ni sombrero, DON ÁLVARO; y atravesando la escena, seguidos por la multitud, entran en el cuerpo de guardia que está al fondo; mientras tanto, se desembaraza el teatro. Todos vuelven a la escena, menos PEDRAZA, que entra en el cuerpo de guardia.)*

---

[85] *capitán preboste:* oficial nombrado en tiempo de guerra para velar sobre todo lo relativo a la policía.

Teniente.—Pero, señor, ¿qué será esto? ¿Preso el militar más valiente, más exacto que tiene el ejército?

Subteniente.—Ciertamente es cosa muy rara.

Teniente.—Vamos a averiguar…

Subteniente.—Ya viene aquí Pedraza, que sale del cuerpo de guardia, y sabrá algo. Hola, Pedraza, ¿qué ha sido?

Pedraza.—*(Señalando al edicto, y se reúne más gente a los cuatro oficiales.)* Muy mala causa tiene. Desafío… El primero que quebranta la ley: desafío y muerte.

Todos.—¡Cómo! ¿Y con quién?

Pedraza.—¡Caso extrañísimo! El desafío ha sido con el teniente coronel Avendaña.

Todos.—¡Imposible!… ¡Con su amigo!

Pedraza.—Muerto le deja de una estocada detrás del cuartel.

Todos.—¡Muerto!

Pedraza.—Muerto.

Oficial 1.º.—Me alegro, que era un botarate[86].

Oficial 2.º.—Un insultante.

[86] *botarate:* hombre de poco juicio.

TENIENTE.—¡Pues, señores, la ha hecho buena! Mucho me temo que va a estrenar aquella ley.

TODOS.—¡Qué horror!

SUBTENIENTE.—Será una atrocidad. Debe haber alguna excepción a favor de oficial tan valiente y benemérito.

PEDRAZA.—Sí, ¡ya está fresco!

TENIENTE.—El capitán Herreros es, con razón, el ídolo del ejército. Y yo creo que el general y el coronel y los jefes todos, tanto españoles como napolitanos, hablarán al rey… y tal vez…

SUBTENIENTE.—El rey Carlos es tan testarudo…, y como este es el primer caso que ocurre, el mismo día que se ha publicado la ley… No hay esperanza. Esta noche misma se juntará el consejo de guerra, y antes de tres días le arcabucean… Pero ¿sobre qué habrá sido el lance?

PEDRAZA.—Yo no sé, nada me han dicho. Lo que es el capitán tiene malas pulgas, y su amigote era un poco caliente de lengua.

OFICIALES 1.º Y 4.º—Era un charlatán, un fanfarrón.

SUBTENIENTE.—En el café han entrado algunos oficiales del regimiento del Rey; sabrán sin duda todo el lance. Vamos a hablar con ellos.

TODOS.—Sí, vamos.

Escena III

El teatro representa el cuarto de un oficial de guardia;
se verán a un lado el tabladillo y el colchón,
y en medio habrá una mesa y sillas de paja.
Entran en la escena Don Álvaro *y el* Capitán.

Capitán. Como la mayor desgracia
juzgo, amigo y compañero,
el estar hoy de servicio
para ser alcaide vuestro.
Resignación, don Fadrique,
tomad una silla os ruego.
(Se sienta Don Álvaro.*)*
Y mientras yo esté de guardia
no miréis este aposento
como prisión... Mas es fuerza,
pues orden precisa tengo,
que dos centinelas ponga
de vista...

Don Álvaro. Yo os agradezco,
señor, tal cortesanía.
Cumplid, cumplid al momento
con lo que os tienen mandado,
y los centinelas luego[87]
poned... Aunque más seguro
que de hombres y armas en medio,

[87] *luego:* inmediatamente, al instante.

está el oficial de honor
bajo su palabra... ¡Oh cielos!
(Coloca el Capitán dos centinelas; un soldado entra luces, y se sientan el Capitán y Don Álvaro junto a la mesa.)
Y en Veletri, ¿qué se dice?
¿Mil necedades diversas
se esparcirán, procurando
explicar mi suerte adversa?

Capitán. En Veletri, ciertamente,
no se habla de otra materia.
Y aunque de aquí separarme
no puedo, como está llena
toda la plaza de gente
que gran interés demuestra
por vos, a algunos he hablado...

Don Álvaro. Y bien, ¿qué dicen? ¿Qué piensan?

Capitán. La amistad íntima todos,
que os enlazaba, recuerdan,
con don Félix... Y las causas
que la hicieron tan estrecha,
y todos dicen...

Don Álvaro. Entiendo.
Que soy un monstruo, una fiera,
que a la obligación más santa
he faltado. Que mi ciega
furia ha dado muerte a un hombre
a cuyo arrojo y nobleza

debí la vida en el campo,
y a cuya nimia asistencia
y esmero debí mi cura,
dentro de su casa mesma.
Al que como tierno hermano…
¡Como hermano!… ¡Suerte horrenda!
¿Como hermano?… ¡Debió serlo!
Yace convertido en tierra
por no serlo… ¡Y yo respiro!
¿Y aún el suelo me sustenta?
¡Ay! ¡Ay de mí!

(Se da una palmada en la frente,
y queda en la mayor agitación.)

CAPITÁN. Perdonadme
si con mis noticias necias…

DON ÁLVARO. Yo lo amaba… ¡Ah, cuál me aprieta
el corazón una mano
de hierro ardiente! La fuerza
me falta… ¡Oh Dios! ¡Qué bizarro,
con qué noble gentileza
entre un diluvio de balas
se arrojó, viéndome en tierra,
a salvarme de la muerte!
¡Con cuánto afán y terneza
pasó las noches y días
sentado a mi cabecera!

(Pausa.)

CAPITÁN. Anuló, sin duda, tales
servicios con un agravio.
Diz que era un poco altanero,
picajoso, temerario,
y un hombre cual vos…

DON ÁLVARO. No, amigo;
cuanto de él se diga es falso.
Era un digno caballero,
de pensamientos muy altos.
Retome con razón harta,
y yo también lo he matado
con razón. Sí, si aún viviera,
fuéramos de nuevo al campo;
él a procurar mi muerte,
yo a esforzarme por matarlo.
O él o yo solo en el mundo,
pero imposible en él ambos.

CAPITÁN. Calmaos, señor don Fadrique;
aún no estáis del todo bueno
de vuestras nobles heridas,
y que os pongáis malo temo.

DON ÁLVARO. ¿Por qué no quedé en el campo
de batalla como bueno?
Con honra acabado hubiera,
y ahora, ¡oh Dios!, la muerte anhelo,
y la tendré… pero ¿cómo?
En un patíbulo horrendo,
por infractor de las leyes,
de horror o de burla objeto.

CAPITÁN. ¿Qué decís?... No hemos llegado,
señor, a tan duro extremo;
aún puede haber circunstancias
que justifiquen el duelo,
y entonces...

DON ÁLVARO. No, no hay ninguna.
Soy homicida, soy reo.

CAPITÁN. Mas, según tengo entendido
(ahora de mi regimiento
me lo ha dicho el ayudante),
los generales, de acuerdo
con todos los coroneles,
han ido sin perder tiempo
a echarse a los pies del rey,
que es benigno, aunque severo,
para pedirle...

DON ÁLVARO. *(Conmovido.)*
¿De veras?
Con el alma lo agradezco,
y el interés de los jefes
me honra y me confunde a un tiempo.
Pero ¿por qué han de empeñarse
militares tan excelsos
en que una excepción se haga
a mi favor de un decreto
sabio, de una ley tan justa,
a que yo falté el primero?
Sirva mi pronto castigo

para saludable ejemplo.
¡Muerte es mi destino, muerte.
Porque la muerte merezco,
porque es para mí la vida
aborrecible tormento!
Mas, ¡ay de mí, sin ventura!,
¿cuál es la muerte que espero?
La del criminal, sin honra,
¡en un patíbulo!… ¡Cielos!

(Se oye un redoble.)

Escena IV

Los Mismos y el Sargento.

SARGENTO. Mi capitán. …
CAPITÁN. ¿Qué se ofrece?
SARGENTO. El mayor…
CAPITÁN. Voy al momento.

(Vase.)

Escena V

DON ÁLVARO.

¡Leonor! ¡Leonor! Si existes, desdichada,
¡oh, qué golpe te espera!,
cuando la nueva fiera
te llegue adonde vives retirada,

de que la misma mano,
la mano, ¡ay triste!, mía,
que te privó de tu padre y de alegría,
¡acaba de privarte de un hermano!
No; te ha librado, sí, de un enemigo,
de un verdugo feroz, que por castigo
de que diste en tu pecho
acogida a mi amor, verlo deshecho,
y roto, y palpitante,
preparaba anhelante,
y con su brazo mismo
de su venganza hundirte en el abismo.
¡Respira, sí, respira,
que libre estás de su tremenda ira!
(Pausa.)
¡Ay de mí! Tú vivías,
y yo, lejos de ti, muerte buscaba
y sin remedio las desgracias mías
despechado juzgaba;
mas tú vives, ¡mi cielo!,
y aún aguardo un instante de consuelo.
¿Y qué espero? ¡Infeliz! De sangre un río
que yo no derramé, serpenteaba
entre los dos; mas ahora el brazo mío
en mar inmenso de tornarlo acaba.
¡Hora de maldición, aciaga hora
fue aquella en que te vi la vez primera
en el soberbio templo de Sevilla,
como un ángel bajado de la esfera,
en donde el trono del Eterno brilla!

¡Qué porvenir dichoso
vio mi imaginación por un momento,
que huyó tan presuroso
como al soplar de repentino viento
las torres de oro, y montes argentinos
y colosos y fúlgidos[88] follajes
que forman los celajes[89]
en otoño a los rayos matutinos!
(Pausa.)
¡Mas en qué espacio vago, en qué regiones
fantásticas! ¿Qué espero?
¡Dentro de breves horas,
lejos de mundanas afecciones,
vanas y engañadoras,
iré de Dios al tribunal severo!
(Pausa.)
¿Y mis padres?… Mi padres desdichados
aún yacen encerrados
en la prisión horrenda de un castillo…
Cuando con mis hazañas y proezas
pensaba restaurar su nombre y brillo,
y rescatar sus míseras cabezas,
no me espera más suerte
que, como criminal, infame muerte.

(Queda sumergido en el despecho.)

[88] *fúlgidos:* resplandecientes, brillantes.
[89] *celajes:* aspecto que presenta el cielo cuando hay nubes tenues y de varios matices.

Escena VI

Don Álvaro y el Capitán.

Capitán. ¡Hola, amigo y compañero!…

Don Álvaro. ¿Vais a darme alguna nueva?
¿Para cuándo convocado
está el Consejo de guerra?

Capitán. Dicen que esta noche misma
debe reunirse a gran priesa…
De hierro, de hierro tiene
el rey Carlos la cabeza.

Don Álvaro. ¡Es un valiente soldado!
¡Es un gran rey!

Capitán. Mas pudiera
no ser tan tenaz y duro,
pues nadie, nadie lo apea
en diciendo no.

Don Álvaro. En los reyes,
la debilidad es mengua.

Capitán. Los jefes y generales
que hoy en Veletri se encuentran
han estado en cuerpo a verle
y a rogarle suspendiera
la ley en favor de un hombre
que tantos méritos cuenta…
Y todo sin fruto. Carlos,

aún más duro que una peña,
ha dicho que no, resuelto,
y que la ley se obedezca,
mandando que en esta noche
falle el Consejo de guerra;
mas aún quedan esperanzas:
puede ser que el fallo sea…

DON ÁLVARO. Según la ley. No hay remedio,
injusta otra cosa fuera.

CAPITÁN. Pero ¡qué pena tan dura,
tan extraña, tan violenta!…

DON ÁLVARO. La muerte, como cristiano
la sufriré; no me aterra.
Dármela Dios no ha querido,
con honra y con fama eterna,
en el campo de batalla,
y me la da con afrenta
en un patíbulo infame…
Humilde la aguardo… Venga.

CAPITÁN. No será acaso… Aún veremos…
Puede que se arme una gresca…
El ejército os adora…
Su agitación es extrema,
y tal vez un alboroto…

DON ÁLVARO. ¡Basta! ¿Qué decís? ¿Tal piensa
quien de militar blasona?
¿El ejército pudiera

faltar a la disciplina,
ni yo deber mi cabeza
a una rebelión?… No, nunca,
que jamás, jamás suceda
tal desorden por mi causa.

CAPITÁN. ¡La ley es atroz, horrenda!

DON ÁLVARO. Yo la tengo por muy justa;
forzoso remediar era
un abuso…

(Se oye un tambor y dos tiros.)

CAPITÁN. ¿Qué?

DON ÁLVARO. ¿Escuchasteis?

CAPITÁN. El desorden ya comienza.

(Se oye gran ruido; tiros, confusión y cañonazos, que van en aumento hasta el fin del acto.)

ESCENA VII

Los MISMOS y el SARGENTO, que entra muy presuroso.

SARGENTO.—¡Los alemanes! ¡Los enemigos están en Veletri! ¡Estamos sorprendidos!

VOCES DENTRO.—¡A las armas! ¡A las armas!

(Sale el oficial un instante, se aumenta el ruido, y vuelve con la espada desnuda.)

CAPITÁN.—Don Fadrique, escapad; no puedo guardar más vuestra persona; andan los nuestros y los imperiales mezclados por las calles; arde el palacio del rey; hay una confusión espantosa; tomad vuestro partido[90]. ¡Vamos, hijos, a abrirnos paso como valientes o a morir como españoles!

(Vanse el CAPITÁN, los CENTINELAS y el SARGENTO.)

ESCENA VIII

DON ÁLVARO.

Denme una espada; volaré a la muerte,
y si es vivir mi suerte
y no la logro en tanto desconcierto,
yo os hago, eterno Dios, voto profundo
de renunciar al mundo
y de acabar mi vida en un desierto.

[90] *tomad vuestro partido:* tomad una decisión.

JORNADA QUINTA

La escena es en el convento de los Ángeles
y sus alrededores.

ESCENA PRIMERA

El teatro representa el interior del claustro bajo el convento de los Ángeles, que debe ser una galería mezquina alrededor de un patiecillo con naranjos, adelfas y jazmines. A la izquierda se verá la portería; a la derecha, la escalera. Debe de ser decoración corta, para que detrás estén las otras por su orden. Aparecen el PADRE GUARDIÁN *paseándose gravemente por el proscenio*[91] *y leyendo en su breviario; el* HERMANO MELITÓN, *sin manto, arremangado, y repartiendo con su cucharón, de un gran caldero, la sopa al* VIEJO, *al* COJO, *al* MANCO, *a la* MUJER *y al grupo de pobres que estará apiñado en la portería.*

HERMANO MELITÓN.—Vamos, silencio y orden, que no están en ningún figón[92].

MUJER.—Padre, ¡a mí, a mí!

VIEJO.—¿Cuántas raciones quiere, Marica?

COJO.—Ya le han dado tres, y no es regular…

[91] *proscenio:* parte del escenario más inmediata al público.
[92] *figón:* mesón de poca categoría donde se guisan y venden cosas de comer.

Hermano Melitón.—Callen y sean humildes, que me duele la cabeza.

Manco.—Marica ha tomado tres raciones.

Mujer.—Y aún voy a tomar cuatro, que tengo seis chiquillos.

Hermano Melitón.—¿Y por qué tiene seis chiquillos?… Sea su alma.

Mujer.—Porque me los ha dado Dios.

Hermano Melitón.—Sí… Dios… Dios… No los tendría si se pasara las noches como yo, rezando el Rosario o dándose disciplina.

Padre Guardián.—*(Con gravedad.)* ¡Hermano Melitón!… ¡Hermano Melitón!… ¡Válgame Dios!

Hermano Melitón.—Padre nuestro, si estos desesperados tienen una fecundidad que asombra…

Cojo.—¡A mí, padre Melitón, que tengo ahí fuera a mi madre baldada!

Hermano Melitón.—¡Hola!… ¿También ha venido hoy la bruja? Pues no nos falta nada.

Padre Guardián.—¡Hermano Melitón!

Mujer.—Mis cuatro raciones.

Manco.—¡A mí antes!

Viejo.—¡A mí!

Todos.—¡A mí, a mí!…

Hermano Melitón.—Váyanse noramala[93], y tengan modo… ¿A que les doy con el cucharón?…

Padre Guardián.—¡Caridad, hermano, caridad, que son hijos de Dios!

Hermano Melitón.—*(Sofocado.)* Tomen, y váyanse…

Mujer.—Cuando nos daba la guiropa[94] el padre Rafael, lo hacía con más modo y con más temor de Dios.

Hermano Melitón.—Pues llamen al padre Rafael…, que no los pudo aguantar ni una semana.

Viejo.—Hermano, ¿me quiere dar otro poco de bazofia?…

Hermano Melitón.—¡Galopo[95]!… ¿Bazofia llama a la gracia de Dios?…

Padre Guardián.—Caridad y paciencia, hermano Melitón; harto trabajo tienen los pobrecitos.

Hermano Melitón.—Quisiera yo ver a vuestra reverendísima lidiar con ellos un día, y otro, y otro.

Cojo.—El padre Rafael…

[93] *noramala:* en mala hora.
[94] *guiropa:* guisado de carne con patatas o algo semejante, rancho.
[95] *galopo:* desvergonzado, sinvergüenza, pícaro.

Hermano Melitón.—No me jeringuen con el padre Rafael… y… tomen las arrebañaduras. *(Les reparte los restos del caldero y lo echa a rodar de una patada.)* ¡Y a comerlo al sol!

Mujer.—Si el padre Rafael quisiera bajar a decirle los Evangelios a mi niño que tiene *sisiones*[96]…

Hermano Melitón.—Tráigalo mañana, cuando salga a decir misa el padre Rafael.

Cojo.—Si el padre Rafael quisiera venir a la villa, a curar a mi compañero, que se ha caído.

Hermano Melitón.—Ahora no es hora de ir a hacer milagros; por la mañanita, por la mañanita con la fresca.

Manco.—Si el padre Rafael…

Hermano Melitón.—*(Fuera de sí.)* ¡Ea, ea, fuera! ¡Al sol! ¡Cómo cunde la semilla de los perdidos! *¡Horrio*[97]! ¡Afuera!

(Los va echando con el cucharón y cierra la portería, volviendo luego muy sofocado y cansado donde está el Padre Guardián.)

[96] *sisiones:* calenturas intermitentes que entran con frío. En realidad, «ciciones» pronunciado con seseo.

[97] *horrio:* exclamación de apremio que no figura en el diccionario de la RAE.

Escena II

El Padre Guardián y el Hermano Melitón.

Hermano Melitón.—No hay paciencia que baste, padre nuestro…

Padre Guardián.—Me parece, hermano Melitón, que no os ha dotado el Señor con gran cantidad de ella. Considere que en dar de comer a los pobres de Dios desempeña un ejercicio de que se honraría un ángel.

Hermano Melitón.—Yo quisiera ver a un ángel en mi lugar siquiera tres días… Puede ser que de cada guantada…

Padre Guardián.—No diga disparates.

Hermano Melitón.—Pues si es verdad. Yo lo hago con mucho gusto, eso es otra cosa. Y bendito sea el Señor, que nos da bastante para que nuestras sobras sirvan de sustento a los pobres. Pero es preciso enseñarles los dientes. Viene entre ellos mucho pillo… Los que están tullidos y viejos vengan enhorabuena, y les daré hasta mi ración el día que no tenga mucha hambre; pero *jastiales*[98] que pueden derribar a puñadas un castillo váyanse a trabajar. Y hay algunos tan insolentes… Hasta llaman bazofia a la gracia de Dios… Lo mismo que restregarme siempre por los hocicos al

[98] *jastiales:* «hastiales», pronunciado con aspiración de la *h,* se refiere a hombrones rústicos y groseros.

padre Rafael; toma si nos daba más, daca si tenía mejor modo, torna si era más caritativo, vuelta si no metía tanta prisa. Pues a fe, a fe, que el bendito padre Rafael a los ocho días se hartó de pobres y de guiropa, y se metió en su celda, y aquí quedó el hermano Melitón. Y, por cierto, no sé por qué esta canalla dice que tengo mal genio. Pues el padre Rafael también tiene su piedra en el rollo[99], y sus prontos, y sus ratos de murria[100] como cada cual.

Padre Guardián.—Basta, hermano, basta. El padre Rafael no podía, teniendo que cuidar el altar y que asistir al coro, entender en el repartimiento de la limosna, ni este ha sido nunca encargo de un religioso antiguo, sino incumbencia del portero... ¿Me entiende?... Y, hermano Melitón, tenga más humildad y no se ofenda cuando prefieran al padre Rafael, que es un siervo de Dios a quien todos debemos imitar.

Hermano Melitón.—Yo no me ofendo de que prefieran al padre Rafael. Lo que digo es que tiene su genio. Y a mí me quiere mucho, padre nuestro, y echamos nuestras manos de conversación. Pero tiene de cuando en cuando unas salidas..., y se da unas palmadas en la frente..., y habla solo, y hace visajes como si viera algún espíritu.

[99] *tiene su piedra en el rollo:* tiene su genio, su carácter fuerte.
[100] *murria:* tristeza, melancolía.

Padre Guardián.—Las penitencias, los ayunos…

Hermano Melitón.—Tiene cosas muy raras. El otro día estaba cavando en la huerta, y tan pálido y tan desemejado[101] que le dije en broma: «Padre, parece un mulato», y me echó una mirada, y cerró el puño, y aun lo enarboló de modo que parecía que me iba a tragar. Pero se contuvo, se echó la capucha y desapareció; digo, se marchó de allí a buen paso.

Padre Guardián.—Ya.

Hermano Melitón.—Pues el día que fue a Hornachuelos a auxiliar al alcalde, cuando estaba en toda su furia aquella tormenta en que nos cayó la centella sobre el campanario, al verlo yo salir sin cuidarse del aguacero ni de los truenos que hacían temblar estas montañas, le dije por broma que parecía entre los riscos un indio bravo, y me dio un berrido que me aturrulló… Y como vino al convento de un modo tan raro, y nadie lo viene nunca a ver, ni sabemos dónde nació…

Padre Guardián.—Hermano, no haga juicios temerarios. Nada tiene de particular eso, ni el modo con que vino a esta casa el padre Rafael es tan raro como dice. El padre limosnero, que venía de Palma, se lo encontró muy mal herido en los encinares de Escalona, junto al camino de Sevilla, víctima, sin duda, de los

[101] *desemejado:* desfigurado, desencajado.

salteadores, que nunca faltan en semejante sitio, y lo trajo al convento, donde Dios, sin duda, le inspiró la vocación de tomar nuestro santo escapulario, como lo verificó en cuanto se vio restablecido, y pronto hará cuatro años. Esto no tiene nada de particular.

Hermano Melitón.—Ya, eso sí… Pero, la verdad, siempre que lo miro me acuerdo de aquello que vuestra reverendísima nos ha contado muchas veces, y también se nos ha leído en el refectorio, de cuando se hizo fraile de nuestra Orden el demonio, y que estuvo allá en un convento algunos meses. Y se me ocurre si el padre Rafael será alguna cosa así…, pues tiene unos repentes, una fuerza, y un mirar de ojos…

Padre Guardián.—Es cierto, hermano mío; así consta en nuestras crónicas y está consignado en nuestros archivos. Pero, además de que rara vez se repiten tales milagros, entonces el Guardián de aquel convento en que ocurrió el prodigio tuvo una revelación que le previno de todo. Y lo que es yo, hermano mío, no he tenido hasta ahora ninguna. Conque tranquilícese y no caiga en la tentación de sospechar del padre Rafael.

Hermano Melitón.—Yo nada sospecho.

Padre Guardián.—Le aseguro que no he tenido revelación.

Hermano Melitón.—Ya; pues entonces… Pero tiene muchas rarezas el padre Rafael.

PADRE GUARDIÁN.—Los desengaños del mundo, las tribulaciones… Y luego, el retiro con que vive, las continuas penitencias… *(Suena la campanilla de la portería.)* Vaya a ver quién llama.

HERMANO MELITÓN.—¿A que son otra vez los pobres? Pues ya está limpio el caldero… *(Suena otra vez la campanilla.)* No hay más limosna; se acabó por hoy, se acabó…

(Suena otra vez la campanilla.)

PADRE GUARDIÁN.—Abra, hermano, abra la puerta.

(Vase. Abre el lego[102] la portería.)

ESCENA III

El HERMANO MELITÓN y DON ALFONSO,
vestido de monte, que sale embozado.

DON ALFONSO. *(Con muy mal modo y sin desembozarse.)*
De esperar me he puesto cano.
¿Sois vos, por dicha, el portero?

H. MELITÓN. *(Aparte.)* Tonto es este caballero.
(Alto.)
Pues que abrí la puerta, es llano[103],

[102] *lego:* en los conventos de religiosos, el que habiendo profesado no tiene opción al orden sacerdotal y se dedica a labores menores.
[103] *es llano:* está claro.

y aunque de portero estoy,
no me busque las cosquillas,
que padre de campanillas
con olor de santo soy.

DON ALFONSO. ¿El padre Rafael está?
Tengo que verme con él.

H. MELITÓN. *(Aparte.)* ¡Otro padre Rafael!
Amostazándome[104] va.

DON ALFONSO. Responda pronto.

H. MELITÓN. *(Con miedo.)*
Al momento.
Padres Rafaeles… hay dos.
¿Con cuál queréis hablar vos?

DON ALFONSO. Para mí, mas que haya ciento.
El padre Rafael…
(Muy enfadado.)

H. MELITÓN. ¿El gordo?
¿El natural de Porcuna[105]?
No os oirá cosa ninguna,
que es como una tapia sordo.
Y desde el pasado invierno
en la cama está tullido;
noventa años ha cumplido.
El otro es…

[104] *amostazándome va:* me está enfadando.
[105] *Porcuna:* pueblo de la provincia de Jaén.

DON ALFONSO. El del infierno.

H. MELITÓN. Pues ahora caigo en quién es:
el alto, adusto, moreno,
ojos vivos, rostro lleno…

DON ALFONSO. Llevadme a su celda, pues.

H. MELITÓN. Darele aviso primero,
porque si está en oración,
disturbarle no es razón…
Y… ¿quién diré…?

DON ALFONSO. Un caballero.

H. MELITÓN. *(Yéndose hacia la escalera muy lentamente, dice aparte.)*
¡Caramba!… ¡Qué raro gesto!
Me da malísima espina,
y me huele a chamusquina…

DON ALFONSO. *(Muy irritado.)*
¿Qué aguarda? Subamos presto.

*(El HERMANO se asusta y sube la escalera,
y detrás de él, DON ALFONSO.)*

Escena IV

El teatro representa la celda de un franciscano. Una tarima con una estera a un lado, un vasar con una jarra y vasos, un estante con libros, estampas, disciplinas y cilicios colgados. Una especie de oratorio pobre, y en su mesa, una calavera; Don Álvaro, vestido de fraile franciscano, aparece de rodillas en profunda oración mental.

Don Álvaro y el Hermano Melitón.

H. Melitón. ¡Padre, Padre!
(Dentro.)

Don Álvaro. *(Levantándose.)* ¿Qué se ofrece?
Entre, hermano Melitón.

H. Melitón. Padre, aquí os busca un matón
(Entra.)
que muy ternejal[106] parece.

Don Álvaro. *(Receloso.)*
¿Quién, hermano? ¿A mí?... ¿Su nombre?

H. Melitón. Lo ignoro; muy altanero
dice que es un caballero,
y me parece un mal hombre.
Él muy bien portado viene,
y en un andaluz rocín[107];

[106] *ternejal:* que se jacta de valentón y de fuerte.
[107] *rocín:* caballo de mala traza, basto y de poca alzada.

pero un genio muy rüin[108]
y un tono muy duro tiene.

DON ÁLVARO. Entre al momento quien sea.

H. MELITÓN. No es un pecador contrito.
(Aparte.)
Se quedará tamañito
al instante que lo vea.

(Vase.)

ESCENA V

DON ÁLVARO.

¿Quién podrá ser?... No lo acierto.
Nadie, en estos cuatro años
que huyendo de los engaños
del mundo habito el desierto,
con este sayal cubierto,
ha mi quietud disturbado.
¿Y hoy un caballero osado
a mi celda se aproxima?
¿Me traerá nuevas de Lima?
¡Santo Dios!... ¡Qué he recordado!

[108] *rüin:* diéresis. Véanse las notas 65 y 75.

Escena VI

Don Álvaro y Don Alfonso, que entra
sin desembozarse, reconoce en un momento la celda,
y luego cierra la puerta por dentro y echa el pestillo.

Don Alfonso. ¿Me conocéis?

Don Álvaro. No, señor.

Don Alfonso. ¿No encontráis en mi semblante
rasgo alguno que os recuerde
de otro tiempo y de otros males?
¿No palpita vuestro pecho,
no se hiela vuestra sangre,
no se anonada y confunde
vuestro corazón cobarde
con mi presencia?... O, por dicha,
¿es tan sincero, es tan grande,
tal vuestro arrepentimiento,
que ya no se acuerda el padre
Rafael de aquel indiano
don Álvaro, del constante
azote de una familia
que tanto en el mundo vale?
¿Tembláis y bajáis los ojos?
Alzadlos, pues, y miradme.

(Descubriéndose el rostro y mostrándoselo.)

Don Álvaro. ¡Oh Dios!... ¡Qué veo!... ¡Dios mío!
¿Pueden mis ojos burlarme?

¡Del marqués de Calatrava
viendo estoy la viva imagen!

DON ALFONSO. ¡Basta, que está dicho todo!
De mi hermano y de mi padre
me está pidiendo venganza
en altas voces la sangre.
Cinco años ha que recorro
con dilatados vïajes[109]
el mundo para buscaros,
y aunque ha sido todo en balde,
el cielo (que nunca impunes
deja las atrocidades
de un monstruo, de un asesino,
de un seductor, de un infame),
por un imprevisto acaso,
quiso por fin indicarme
el asilo donde a salvo
de mi furor os juzgasteis.
Fuera el mataros inerme
indigno de mi linaje.
Fuisteis valiente; robusto
aún estáis para un combate;
armas no tenéis, lo veo;
yo dos espadas iguales
traigo conmigo: son estas.
(Se desemboza y saca dos espadas.)
Elegid la que os agrade.

[109] *vïajes:* diéresis. Véanse las notas 65 y 75.

DON ÁLVARO. *(Con gran calma, pero sin orgullo.)*
Entiendo, joven, entiendo,
sin que escucharos me pasme,
porque he vivido en el mundo
y apurado sus afanes.
De los vanos pensamientos
que en este punto en vos arden
también el juguete he sido;
quiera el Señor perdonarme.
Víctima de mis pasiones,
conozco todo el alcance
de su influjo y compadezco
al mortal a quien combaten.
Mas ya sus borrascas miro
como el náufrago que sale
por un milagro a la orilla
y jamás torna a embarcarse.
Este sayal que me viste,
esta celda miserable,
este yermo, adonde acaso
Dios por vuestro bien os trae,
desengaños os presentan,
para calmaros, bastantes,
y mas os responden mudos
que pueden labios mortales.
Aquí de mis muchas culpas,
que son, ¡ay de mí!, harto grandes,
pido a Dios misericordia;
que la consiga dejadme.

DON ALFONSO. ¿Dejaros?… ¿Quién?… ¿Yo dejaros
sin ver vuestra sangre impura
vertida por esta espada
que arde en mis manos desnuda?
Pues esta celda, el desierto,
ese sayo, esa capucha,
ni a un vil hipócrita guardan
ni a un cobarde infame escudan.

DON ÁLVARO. *(Furioso.)*
¿Qué decís?… ¡Ah!…
(Reportándose.)
¡No, Dios mío!…
En la garganta se anuda
mi lengua… ¡Señor…, esfuerzo
me dé vuestra santa ayuda!
(Repuesto.)
Los insultos y amenazas
que vuestros labios pronuncian
no tienen para conmigo
poder ni fuerza ninguna.
Antes, como caballero,
supe vengar las injurias;
hoy, humilde religioso,
darles perdón y disculpa.
Pues veis cuál es ya mi estado,
y, si sois sagaz, la lucha
que conmigo estoy sufriendo,
templad vuestra saña injusta.
Respetad este vestido,

compadeced mis angustias
y perdonad generoso
ofensas que están en duda.
(Con gran conmoción.)
¡Sí, hermano, hermano!

DON ALFONSO. ¿Qué nombre
osáis pronunciar?

DON ÁLVARO. ¡Ah!...

DON ALFONSO. Una
sola hermana me dejasteis
perdida y sin honra... ¡Oh furia!

DON ÁLVARO. ¡Mi Leonor! ¡Ah! No sin honra:
un religioso os lo jura.
(En delirio.)
Leonor..., ¡ay!, la que absorbía
toda mi existencia junta;
la que en mi pecho, por siempre...
Por siempre, sí, sí..., que aún dura
una pasión... Y qué, ¿vive?
¿Sabéis vos noticias suyas?...
Decid que me ama, y matadme.
Decidme... ¡Oh Dios!... ¿Me rehúsa
(Aterrado.)
vuestra gracia sus auxilios?
¿De nuevo el triunfo asegura
el infierno, y se desploma
mi alma en su sima profunda?
¡Misericordia!... Y vos, hombre
o ilusión, ¿sois, por ventura,

un tentador que renueva
mis criminales angustias
para perderme?… ¡Dios mío!

Don Alfonso. *(Resuelto.)*
De estas dos espadas, una
tomad, don Álvaro, luego;
tomad, que en vano procura
vuestra infame cobardía
darle treguas a mi furia.
Tomad…

Don Álvaro. *(Retirándose.)*
No, que aún fortaleza
para resistir la lucha
de las mundanas pasiones
me da Dios con bondad suma.
¡Ah! Si mis remordimientos,
mis lágrimas, mis confusas
palabras no son bastante
para aplacaros; si escucha
mi arrepentimiento humilde
sin caridad vuestra furia,
(Arrodíllase.)
prosternado a vuestras plantas
vedme, cual persona alguna
jamás me vio…

Don Alfonso. *(Con desprecio.)*
Un caballero
no hace tal infamia nunca.

Quien sois bien claro publica
vuestra actitud, y la inmunda
mancha que hay en vuestro escudo.

DON ÁLVARO. *(Levantándose con furor.)*
¿Mancha?... ¿Y cuál? ¿Cuál?

DON ALFONSO. ¿Os asusta?

DON ÁLVARO. ¡Mi escudo es como el sol limpio,
como el sol!

DON ALFONSO. ¿Y no lo anubla
ningún cuartel de mulato,
de sangre mezclada, impura?

DON ÁLVARO. *(Fuera de sí.)*
¡Vos mentís, mentís, infame!
Venga el acero; mi furia
(Toca el pomo de una de las espadas.)
os arrancará la lengua,
que mi clara estirpe insulta.
Vamos.

DON ALFONSO. Vamos.

DON ÁLVARO. *(Reportándose.)*
No..., no triunfa
tampoco con esta industria[110]
de mi constancia el infierno.
Retiraos, señor.

[110] *industria:* estrategia, artimaña.

DON ALFONSO. *(Furioso.)*

¿Te burlas
de mí, inicuo? Pues cobarde
combatir conmigo excusas,
no excusarás mi venganza.
Me basta la afrenta tuya.
Toma.

(Le da una bofetada.)

DON ÁLVARO. *(Furioso y recobrando toda su energía.)*

¿Qué hiciste?... ¡Insensato!
Ya tu sentencia es segura:
¡hora es de muerte, de muerte!
¡El infierno me confunda!

(Salen ambos precipitados.)

ESCENA VII

El teatro representa el mismo claustro bajo que en las primeras escenas de esta jornada. El HERMANO MELITÓN saldrá por un lado y como bajando la escalera; DON ÁLVARO y DON ALFONSO, embozado en su capa con gran precipitación.

HERMANO MELITÓN.—*(Saliéndole al paso.)* ¿Adónde bueno?

DON ÁLVARO.—*(Con voz terrible.)* ¡Abra la puerta!

HERMANO MELITÓN.—La tarde está tempestuosa, va a llover a mares.

Don Álvaro.—Abra la puerta.

Hermano Melitón.—*(Yendo hacia la puerta.)* ¡Jesús!... Hoy estamos de marea alta... Ya voy... ¿Quiere que le acompañe?... ¿Hay algún enfermo de peligro en el cortijo?...

Don Álvaro.—La puerta, pronto.

Hermano Melitón.—*(Abriendo la puerta.)* ¿Va el padre a Hornachuelos?

Don Álvaro.—*(Saliendo con Don Alfonso.)* ¡Voy al infierno!

(Queda el Hermano Melitón asustado.)

Escena VIII

Hermano Melitón

¡Al infierno!... ¡Buen vïaje[111]!
También que era del infierno
dijo, para mi gobierno,
aquel nuevo personaje.
¡Jesús, y qué caras tan...!
Me temo que mis sospechas
han de quedar satisfechas.
Voy a ver por dónde van.

[111] *vïaje:* diéresis. Véanse las notas 65 y 75.

(Se acerca a la portería y dice, como admirado:)

¡Mi gran padre San Francisco
me valga!… Van por la sierra,
sin tocar con el pie en tierra,
saltando de risco en risco.
Y el jaco los sigue en pos
como un perrillo faldero.
Calla…, hacia el despeñadero
de la ermita van los dos.

(Asomándose a la puerta con gran afán; a voces.)

¡Hola…, hermanos…, hola!… ¡Digo!…
No lleguen al paredón,
miren que hay excomunión,
que Dios les va a dar castigo.

(Vuelve a la escena.)

No me oyen, vano es gritar.
Demonios son, es patente.
Con el santo penitente
sin duda van a cargar.
¡El padre, el padre Rafael!…
Si quien piensa mal, acierta.
Atrancaré bien la puerta…,
pues tengo un miedo cruel.

(Cierra la puerta.)

Un olorcillo han dejado
de azufre… Voy a tocar
las campanas.

(Vase por un lado, y luego vuelve por otro como con gran miedo.)

Avisar
será mejor al prelado.
Sepa que en esta ocasión,
aunque refunfuñe luego,
no el padre Guardián, el lego
tuvo la revelación.

(Vase.)

Escena IX

El teatro representa un valle rodeado de riscos inaccesibles y de malezas, atravesado por un arroyuelo. Sobre un peñasco accesible con dificultad, y colocado al fondo, habrá una medio gruta, medio ermita con puerta practicable, y una campana que pueda sonar y tocarse desde dentro; el cielo representará el ponerse el sol de un día borrascoso, se irá oscureciendo lentamente la escena y aumentándose los truenos y relámpagos. Don Álvaro y Don Alfonso salen por un lado.

Don Alfonso. De aquí no hemos de pasar.

Don Álvaro. No, que tras de estos tapiales
bien sin ser vistos, podemos
terminar nuestro combate.
Y aunque en hollar[112] este sitio
cometo un crimen muy grande,
hoy es de crímenes día,

[112] *hollar:* pisar.

y todos han de apurarse.
De uno de los dos la tumba
se está abriendo en este instante.

DON ALFONSO. Pues no perdamos más tiempo,
y que las espadas hablen.

DON ÁLVARO. Vamos; mas antes es fuerza
que un gran secreto os declare,
pues que de uno de nosotros
es la muerte irrevocable,
y si yo caigo es forzoso
que sepáis en este trance
a quién habéis dado muerte,
que puede ser importante.

DON ALFONSO. Vuestro secreto no ignoro,
y era el mejor de mis planes
para la sed de venganza
saciar que en mis venas arde,
después de heriros de muerte
daros noticias tan grandes,
tan impensadas y alegres,
de tan feliz desenlace,
que al despecho de saberlas,
de la tumba en los umbrales,
cuando no hubiese remedio,
cuando todo fuera en balde,
el fin espantoso os diera
digno de vuestras maldades.

Don Álvaro. Hombre, fantasma o demonio,
que ha tomado humana carne
para hundirme en los infiernos,
para perderme…, ¿qué sabes?…

Don Alfonso. Corrí el Nuevo Mundo… ¿Tiemblas?
Vengo de Lima… Esto baste.

Don Álvaro. No basta, que es imposible
que saber quién soy lograses.

Don Alfonso. De aquel virrey fementido[113]
que, pensando aprovecharse
de los trastornos y guerras,
de los disturbios y males
que la sucesión al trono
trajo a España, formó planes
de tornar su virreinato
en imperio, y coronarse,
casando con la heredera
última de aquel linaje
de los Incas, que en lo antiguo,
del mar del Sur a los Andes
fueron los emperadores,
eres hijo. De tu padre,
las traiciones descubiertas,

[113] *de aquel virrey fementido:* con esta alusión comienza a desvelarse el secreto del nacimiento de Don Álvaro. La historia de esta traición de un virrey en Perú en el siglo XVIII no está fundamentada y parece ser una invención del Duque de Rivas para dotar de un origen enigmático al personaje.

aún a tiempo de evitarse,
con su esposa, en cuyo seno
eras tú ya peso grave,
huyó a los montes, alzando
entre los indios salvajes
de traición y rebeldía
el sacrílego estandarte.
No los ayudó Fortuna,
pues los condujo a la cárcel
de Lima, do tú naciste…

(Hace extremos de indignación y sorpresa DON ÁLVARO.*)*

Oye…, espera hasta que acabe.
El triunfo del rey Felipe
y su clemencia notable,
suspendieron la cuchilla
que ya amagaba a tus padres,
y en una prisión perpetua
convirtió el suplicio infame.
Tú entre los indios creciste,
como fiera te educaste,
y viniste ya mancebo,
con oro y con favor grande,
a buscar completo indulto
para tus traidores padres.
Mas no, que viniste solo
para asesinar cobarde,
para seducir inicuo
y para que yo te mate.

DON ÁLVARO. *(Despechado.)*
Vamos a probarlo al punto.

DON ALFONSO. Ahora tienes que escucharme,
que has de apurar, ¡vive el cielo!,
hasta las heces el cáliz.
Y si, por ser mi destino,
consiguieses el matarme,
quiero allá en tu aleve[114] pecho
todo un infierno dejarte.
El rey, benéfico, acaba
de perdonar a tus padres.
Ya están libres y repuestos
en honras y dignidades.
La gracia alcanzó tu tío,
que goza favor notable,
y andan todos tus parientes
afanados por buscarte
para que tenga heredero…

DON ÁLVARO. Ya me habéis dicho bastante…
No sé dónde estoy, ¡oh cielos!…,
si es cierto, si son verdades
las noticias que dijisteis…,
(Enternecido y confuso.)
¡todo puede repararse!
Si Leonor existe, todo.

[114] *aleve:* alevoso, traicionero.

¿Veis lo ilustre de mi sangre?...
¿Veis?...

DON ALFONSO. Con sumo gozo veo
que estáis ciego y delirante.
¿Qué es reparación?... Del mundo
amor, gloria, dignidades,
no son para vos... Los votos
religiosos e inmutables
que os ligan a este desierto,
esa capucha, ese traje,
capucha y traje que encubren
a un desertor que al infame
suplicio escapó en Italia,
de todo incapaz os hacen.
Oye cuán truena indignado
(Truena.)
contra ti el cielo... Esta tarde
completísimo es mi triunfo.
Un sol hermoso y radiante
te he descubierto, y de un soplo
luego he sabido apagarle.

DON ÁLVARO. *(Volviendo al furor.)*
¿Eres monstruo del infierno,
prodigio de atrocidades?

DON ALFONSO. Soy un hombre rencoroso
que tomar venganza sabe.
Y porque sea más completa,
te digo que no te jactes

de noble... Eres un mestizo
fruto de traiciones...

DON ÁLVARO. *(En el extremo de la desesperación.)*
Baste.
¡Muerte y exterminio! ¡Muerte
para los dos! Yo matarme
sabré, en teniendo el consuelo
de beber tu inicua sangre.

(Toma la espada, combaten, y cae herido DON ALFONSO.)

DON ALFONSO.—Ya lo conseguiste... ¡Dios mío! ¡Confesión! Soy cristiano... Perdonadme... Salva mi alma...

DON ÁLVARO.—*(Suelta la espada y queda como petrificado.)* ¡Cielos!... ¡Dios mío!... ¡Santa Madre de los Ángeles!... ¡Mis manos tintas en sangre..., en sangre de Vargas!...

DON ALFONSO.—¡Confesión! ¡Confesión!... Conozco mi crimen y me arrepiento... Salvad mi alma, vos que sois ministro del Señor...

DON ÁLVARO.—*(Aterrado.)* ¡No, yo no soy más que un réprobo[115], presa infeliz del demonio! Mis palabras sacrílegas aumentarían vuestra condenación. Estoy

[115] *réprobo:* condenado a las penas eternas. Persona apartada de la convivencia por razones distintas de las religiosas.

manchado de sangre, estoy irregular[116]... Pedid a Dios misericordia... Y... esperad..., cerca vive un santo penitente..., podrá absolveros... Pero está prohibido acercarse a su mansión... ¡Qué importa! Yo, que he roto todos los vínculos, que he hollado todas las obligaciones...

Don Alfonso.—¡Ah! ¡Por caridad, por caridad... !

Don Álvaro.—Sí, voy a llamarlo... al punto...

Don Alfonso.—Apresuraos, padre... ¡Dios mío!

(Don Álvaro corre a la ermita y golpea la puerta.)

Doña Leonor.—*(Dentro.)* ¿Quién se atreve a llamar a esta puerta? Respetad este asilo.

Don Álvaro.—Hermano, es necesario salvar un alma, socorrer a un moribundo: venid a darle el auxilio espiritual.

Doña Leonor.—*(Dentro.)* Imposible, no puedo; retiraos.

Don Álvaro.—Hermano, por el amor de Dios.

Doña Leonor.—*(Dentro.)* No, no; retiraos.

Don Álvaro.—Es indispensable; vamos. *(Golpea fuertemente la puerta.)*

[116] *irregular:* que ha incurrido en una irregularidad canónica. Tiene un defecto que lo incapacita para ciertas dignidades.

Doña Leonor.—*(Dentro, tocando la campanilla.)* ¡Socorro! ¡Socorro!

(Ábrese la puerta.)

Escena X

Los mismos y Doña Leonor, vestida con un saco y esparcidos los cabellos, pálida y desfigurada, aparece a la puerta de la gruta, y se oye repicar a lo lejos las campanas del convento.

Doña Leonor.—Huid, temerario; temed la ira del cielo.

Don Álvaro.—*(Retrocediendo horrorizado por la montaña abajo.)* ¡Una mujer!… ¡Cielos!… ¡Qué acento!… ¡Es un espectro!… ¡Imagen adorada!… ¡Leonor! ¡Leonor!

Don Alfonso.—*(Como queriéndose incorporar.)* ¡Leonor! ¿Qué escucho? ¡Mi hermana!…

Doña Leonor.—*(Corriendo detrás de Don Álvaro.)* ¡Dios mío! ¿Es don Álvaro?… Conozco su voz… Él es… ¡Don Álvaro!

Don Alfonso.—¡Oh furia!… Ella es… ¡Estaba aquí con su seductor!… ¡Hipócritas!… ¡Leonor!

Doña Leonor.—¡Cielos!… ¡Otra voz conocida!… Mas ¿qué veo?…

(Se precipita hacia donde ve a Don Alfonso.)

DON ALFONSO.—¡Ves al último de tu infeliz familia!

DOÑA LEONOR.—*(Precipitándose en los brazos de su hermano.)* ¡Hermano mío!... ¡Alfonso!

DON ALFONSO.—*(Hace un esfuerzo, saca un puñal y hiere de muerte a LEONOR.)* ¡Toma, causa de tantos desastres, recibe el premio de tu deshonra!... Muero vengado.

(Muere.)

DON ÁLVARO.—¡Desdichado!... ¿Qué hiciste?... ¡Leonor! ¿Eras tú?... ¿Tan cerca de mí estabas?... ¡Ay! *(Sin osar acercarse a los cadáveres.)* Aún respira..., aún palpita aquel corazón todo mío... Ángel de mi vida..., vive, vive...; yo te adoro... ¡Te hallé, por fin... sí, te hallé... muerta!

(Queda inmóvil.)

ESCENA ÚLTIMA

Hay un rato de silencio; los truenos resuenan más fuertes que nunca, crecen los relámpagos y se oye cantar a lo lejos el Miserere[117] *a la comunidad, que se acerca lentamente.*

VOZ DENTRO.—¡Aquí, aquí! ¡Qué horror!

---

[117] *Miserere:* canto solemne que se hace del Salmo 50. La palabra latina con que se inicia significa «ten compasión». El canto y los demás aspectos escenográficos sirven perfectamente al propósito romántico de conmover con el fatalismo de la escena.

(Don Álvaro vuelve en sí y luego huye hacia la montaña. Sale el Padre Guardián con la comunidad, que queda asombrada.)

Padre Guardián.—¡Dios mío!... ¡Sangre derramada!... ¡Cadáveres!... ¡La mujer penitente!

Todos los Frailes.—¡Una mujer!... ¡Cielos!

Padre Guardián.—¡Padre Rafael!

Don Álvaro.—*(Desde un risco, con sonrisa diabólica, todo convulso, dice:)* Busca, imbécil, al padre Rafael... Yo soy un enviado del infierno, soy el demonio exterminador... Huid, miserables.

Todos.—¡Jesús, Jesús!

Don Álvaro.—¡Infierno, abre tu boca y trágame! ¡Húndase el cielo, perezca la raza humana; exterminio, destrucción...! *(Sube a lo más alto del monte y se precipita.)*

El padre Guardián y los Frailes.—*(Aterrados y en actitudes diversas.)* ¡Misericordia, Señor! ¡Misericordia!

Actividades

Control de lectura

1. En *Don Álvaro o la fuerza del sino* el destino desempeña un papel fundamental. ¿En qué jornadas y de qué manera se observa la mano del destino? ¿Cómo relacionas esos sucesos con el título de la obra?

2. Doña Leonor es el personaje femenino por cuyo amor Don Álvaro se ve metido en una cadena de acontecimientos horribles. ¿Cuál es su papel en esta obra? ¿Tiene su carácter algo que ver con el curso de esos acontecimientos? Intenta encontrar una justificación en aquellas jornadas donde tiene mayor presencia este personaje.

3. El desconocimiento del origen de Don Álvaro y de su verdadera identidad es capital para el desarrollo de esta obra. ¿En qué jornada desvela ese misterio? ¿Quién lo hace? ¿Existen otros momentos a lo largo del drama en los que se alude a ese origen? ¿Cuáles?

4. Los tres hombres de la casa Calatrava poseen características comunes. ¿Cuáles? Trata de fundamentarlas en los momentos de mayor peso de su actuación y busca también aquellos rasgos por los que se diferencian.

5. En cada una de las jornadas cobra mayor relieve uno de los cinco personajes principales (Don Álvaro,

Doña Leonor, el marqués de Calatrava, Don Alfonso y Don Carlos). Razona la identificación de todos ellos con cada jornada.

6. Valora la importancia de las escenas costumbristas para el desarrollo de cada jornada y explica su relación con los sucesos posteriores. ¿Por qué la jornada cuarta carece de escena costumbrista al comienzo y la incluye en cambio después?

7. En la «Introducción» se han comentado los efectos escenográficos como un valor importante de *Don Álvaro o la fuerza del sino*. Señala y explica alguno de esos efectos procurando escoger otros diferentes a los que se detallan en la explicación inicial.

8. En *Don Álvaro o la fuerza del sino* se dan cita fuertes pasiones que tienen su reflejo en las formas de expresión. Señala esa expresividad destacando frases concretas y relacionándolas con el personaje, la situación que vive y la jornada en que se dan.

9. En las obras románticas que emplean el verso, la polimetría es uno de los procedimientos más destacados. Busca ejemplos de las estrofas más utilizadas, citadas en la «Introducción», y trata de identificar otras estrofas.

10. ¿Por qué es *Don Álvaro o la fuerza del sino* una obra romántica? Aporta datos concretos desde todos los puntos de vista que lo atestigüen.

Propuesta de actividades

1. Actividades de expresión y comprensión

1.1. Realiza un análisis de la personalidad y el carácter de Don Álvaro y de Doña Leonor y fundaméntalo aportando frases extraídas de la obra y el momento en que se pronuncian.

1.2. Organiza por jornadas un cuadro en el que se establezca el número y el orden de las escenas escritas en prosa. ¿Tienen algo en común? ¿Dependen del tipo de personajes? ¿Colaboran en alguna medida al desarrollo de la acción principal? Justifica tu respuesta.

1.3. Haz un estudio de la escena VIII de la jornada primera y plantéate si la reacción de los personajes está justificada o no. Realiza un comentario crítico de acciones, palabras y gestos.

1.4. Tanto Doña Leonor como Don Álvaro, después del desgraciado accidente ocurrido en la jornada primera, huyen del mundo. ¿De qué modo lo hacen uno y otro? ¿Qué buscan? ¿Qué razones les conducen a ello?

1.5. Escribe un texto argumentando sobre las razones que llevan a Don Álvaro y a Don Carlos a ocultarse bajo otro nombre.

1.6. En la escena VII de la jornada tercera, Don Carlos expresa con gran vehemencia:

Salvad su vida, salvadle;
apurad todos los medios
del arte y os aseguro
tal galardón…

¿Es sincero en la escena IX de la misma jornada cuando pronuncia estas palabras?:

¿De veras?… Feliz me hacéis;
por ver bueno al capitán
tengo, amigo, más afán
del que imaginar podéis.

¿Qué descubrimiento media entre ambas palabras?

1.7. Imagina un momento en el curso de la trama de *Don Álvaro o la fuerza del sino* en el que las cosas sucedieran de otra manera y elabora a partir de ahí un argumento distinto.

2. Actividades de relación

2.1. En la escena III de la jornada segunda, Doña Leonor llega al convento de los Ángeles vestida de hombre. Infórmate sobre obras de teatro del Siglo de Oro en las que se utiliza el mismo procedimiento y cita sus títulos y autores. En *Don Álvaro o la fuerza del sino,* ¿tiene alguna trascendencia posterior este hecho?

2.2. Busca en algún manual o en internet el argumento y las características principales de *El trovador,* de Antonio García Gutiérrez, contemporáneo del Duque de Rivas. Trata de encontrar los rasgos comunes que tienen sus protagonistas.

2.3. En la comedia barroca existía un personaje, denominado *gracioso,* que no siendo protagonista de-sempeñaba un papel de cierta trascendencia y ayudaba a relajar ciertas situaciones. ¿Crees que el hermano Melitón cumple esa función? Analízalo en las escenas de las jornadas segunda y quinta en las que aparece.

2.4. En *El sí de las niñas,* obra del siglo XVIII de Leandro Fernández de Moratín, los convencionalismos sociales permitían matrimonios desiguales en edad, aunque provocaban muchos problemas. ¿Cuál era la finalidad de Moratín al presentar este conflicto y cuál, muy distinta, la del Duque de Rivas? Relaciónalo con los movimientos literarios respectivos.

2.5. Giuseppe Verdi se basó en *Don Álvaro o la fuerza del sino* para componer su ópera *La forza del destino,* pero su libretista, Francesco Maria Piave, realizó numerosos cambios sobre ella. De esta obra existen varias grabaciones de audio en CD, y también algunas filmaciones en DVD. Entre las mejores hay que señalar las dirigidas por Riccardo Muti (CD, 1986), Giuseppe Sinopoli (CD, 1987) y Zubin Mehta (DVD, 2008).

- Sin embargo, el destino sigue siendo un tema esencial en la obra de Verdi. Escucha la obertura de esta ópera, que resume sus principales temas musicales, y trata de identificar en ella el tema del destino: son tres notas amenazadoras, tocadas con gran fuerza por la orquesta.

- El aria de Don Álvaro en el acto III, cuadro I, titulada *La vita è inferno all'infelice* («La vida es un infierno para el infeliz») se puede relacionar con el monólogo de Don Álvaro en la escena III de la jornada tercera (versos 891 al 994). Escucha esta aria y observa si, a tu juicio, la música traduce los agitados sentimientos que embargan a Don Álvaro.

3. Actividades de representación

3.1. Realizad entre tres compañeros una lectura expresiva de la escena VII de la jornada primera. Sobre la base de la misma escena se puede convocar un concurso en el aula con un premio para el grupo que lo haga mejor.

3.2. Resuelve con tres compañeros la realización de las dos últimas escenas de la jornada quinta. ¿Cómo tendría que ser la puesta en escena? ¿Cómo cambiaríais la escena pasando de la ermita a lo alto del monte? Pensad en los decorados, en la luminotecnia y en los aspectos sonoros.

Intertextos

1. Pedro Calderón de la Barca: *La vida es sueño* (siglo XVII)

Es el famoso monólogo de Segismundo, quien se lamenta, en su encierro, del propio hecho de haber nacido. Su padre, el rey Basilio de Polonia, había ordenado su reclusión desde el momento de su nacimiento para prevenir un comportamiento salvaje del príncipe vaticinado por las estrellas.

SEGISMUNDO

¡Ay mísero de mí! ¡Ay infelice!
    Apurar, cielos, pretendo
ya que me tratáis así,
qué delito cometí
contra vosotros naciendo;
aunque si nací, ya entiendo
qué delito he cometido.
Bastante causa ha tenido
vuestra justicia y rigor;
pues el delito mayor
del hombre es haber nacido.
    Solo quisiera saber,
para apurar mis desvelos
(dejando a una parte, cielos,
el delito de nacer),
qué más os pude ofender,
para castigarme más.
¿No nacieron los demás?
Pues si los demás nacieron,

¿qué privilegios tuvieron
que yo no gocé jamás?
Nace el ave, y con las galas
que le dan belleza suma,
apenas es flor de pluma,
o ramillete con alas
cuando las etéreas salas
corta con velocidad,
negándose a la piedad
del nido que deja en calma:
¿y teniendo yo más alma
tengo menos libertad?
Nace el bruto, y con la piel
que dibujan manchas bellas,
apenas signo es de estrellas,
gracias al docto pincel,
cuando, atrevido y crüel,
la humana necesidad
le enseña a tener crueldad,
monstruo de su laberinto:
¿y yo con mejor instinto
tengo menos libertad?
Nace el pez, que no respira,
aborto de ovas y lamas,
y apenas bajel de escamas
sobre las ondas se mira,
cuando a todas partes gira,
midiendo la inmensidad
de tanta capacidad
como le da el centro frío:
¿y yo con más albedrío
tengo menos libertad?
Nace el arroyo, culebra
que entre flores se desata,

Actividades

y apenas, sierpe de plata,
entre las flores se quiebra,
cuando músico celebra
de las flores la piedad
que le dan la majestad,
el campo abierto a su huida:
¿y teniendo yo más vida
tengo menos libertad?
En llegando a esta pasión
un volcán, un Etna hecho,
quisiera sacar del pecho
pedazos del corazón.
¿Qué ley, justicia o razón
negar a los hombres sabe
privilegio tan süave,
excepción tan principal,
que Dios le ha dado a un cristal,
a un pez, a un bruto y a un ave?

[Seguimos la edición de Evangelina Rodríguez Cuadros, Madrid, Espasa Calpe, 1997, págs. 87-88, versos 102-173]

- La crítica ha venido encontrando la huella de este monólogo en el que pronuncia Don Álvaro en la escena III de la jornada tercera. Relee ambos monólogos y trata de relacionarlos en algún aspecto.
- ¿Cuál de los dos monólogos presenta más rasgos narrativos? ¿Cuál de ellos es más filosófico?
- Analiza la métrica de la primera estrofa de ambos monólogos. ¿Cuál es el resultado? Ten en cuenta que la primera frase de Segismundo no forma parte de la estrofa.

2. Mariano José de Larra: *Crítica del estreno de Don Álvaro o la fuerza del sino* (siglo XIX)

Se publicó en la sección «Boletín» de *La Revista española,* sin firma del autor, tres días después del estreno.

Quien niegue o dude que estamos en revolución, que vaya al Teatro del Príncipe y vea representar el drama de que ahora me toca dar cuenta a mis lectores. No es cosa de poca monta su aparición en la escena con sus frailes y sus soldados, con sus extravagancias y sus lugares comunes, con sus altos y sus bajos, con sus burlas y sus veras, con sus cosas que huelen a doscientos años atrás y sus otras cosas flamantes, con sus resabios de española antigua y sus señales de extranjería moderna. [...] Verdad es que en España teníamos nuestros comediones llenos de sucesos espantosos y de bufonadas, y que pueden salirnos con que el autor de la nueva comedia, o drama, o lo que fuere, no ha hecho otra cosa sino establecer las leyes fundamentales de la poesía dramática, en tiempos pasados, cuando llegó el teatro español al más alto punto de su prosperidad y de gloria. Pero habrá quien diga que esta producción, como nuestro sistema representativo, aun cuando se parezca a lo que hubo en nuestra patria hace algunos años, todavía tiene más semejanzas con las prácticas de la antigua Inglaterra y de la Francia de nuestros días. Sea como fuere, o antigualla remozada o novedad con máscara de vejez, lo cierto es que *Don Álvaro* es obra de especie muy distinta de cuanto hemos visto de algún tiempo acá y estamos viendo en nuestro teatro. [...]

Es una cosa en parte imitación de nuestras vejeces y en parte remedo de extrañezas del día y de tierra extraña.

Es una cosa de nuestros tiempos, pues estamos en 1835 y no en 1820, ni en 1808 ni en 1790; ni en ningún otro año que en el primeramente citado. [...]

[*Don Alvaro* es] composición que sorprendió al auditorio, poco acostumbrado a espectáculos de esta naturaleza. Los espectadores estaban llenos de extrañeza durante la representación del drama. Hubo quien, creyendo condenar la pieza, solo condenó al género a que pertenece. Hubo quien la tachó de carecer de interés, no considerando que en ella no está el interés en la trama, sino en la realización del concepto poético de que es hija la composición. Hubo quien, con justicia, tachó algunas prolijidades que el autor ya ha empezado a corregir. Hubo también quien admiró lo bueno y se preparó a defenderlo más despacio. Al caer el telón, no podemos ni queremos ocultar que fueron más los desaprobadores que los aprobantes. En estos casos ya se sabe que el público es juez, pero no juez tirano, y de su sentencia hay apelación y súplica como en los demás tribunales. Ni tampoco ha habido fallo contrario, pues estaban los jueces inciertos y divididos. Nosotros esperamos que la causa sea bien examinada, y desde luego nos constituimos abogados de la parte, resueltos a llevar la cosa adelante, y a no excusar cuanto pueda hacerse en favor de un cliente querido. Por consiguiente no damos la causa por fenecida y emplazamos al auditorio para otra audiencia.

[Seguimos la edición facsímil de la Biblioteca Nacional de *La Revista española,* núm. 25, 25 de marzo de 1835]

- ¿Qué comenta Larra de la naturaleza de esta obra?
- ¿Cómo fue, según Larra, la reacción del público el día del estreno?

3. Francesco Maria Piave: libreto de *La forza del destino,* ópera de Verdi (siglo XIX)

Este libreto corresponde a la segunda versión que hizo Verdi de su ópera en 1869, es decir, seis años después de su estreno en Madrid. Esta es la escena final.

Acto IV, Cuadro III

(Se oye desde el interior un entrechocar de espadas.)

Don Carlos. *(Desde dentro.)*
¡Muerto soy! ¡Confesión!
Salvad mi alma.

Don Álvaro. *(Entrando en escena con la espada desenvainada.)*
Esta es, una vez más, la sangre de un Vargas.

Don Carlos. *(Siempre desde el interior.)* ¡Confesión!

Don Álvaro. *(Arroja al suelo la espada.)*
Estoy maldito…
pero aquí hay un eremita.
(Corre hacia la cueva y golpea la puerta.)
Corred a confortar a un moribundo.

Leonor. *(Desde dentro.)* No puedo.

Don Álvaro. ¡Hermano! En el nombre del Señor.

Leonor. No puedo.

Don Álvaro. *(Golpeando la puerta con más fuerza.)*
Es una emergencia.

Leonor. *(Haciendo sonar desde dentro la campana.)*
¡Socorro! ¡Socorro!

DON ÁLVARO. ¡Vamos, venid!
(LEONOR aparece en la puerta.)

LEONOR. ¡Imprudentes, huid de la ira del cielo!

DON ÁLVARO. ¡Una mujer! Esa voz...
¡Ah, no... es un espectro!

LEONOR. *(Reconociendo a ÁLVARO.)* ¿Qué veo?

DON ÁLVARO. ¡Tú, Leonor!

LEONOR. Es él, es cierto.
(Acercándose a ÁLVARO.)
Te veo de nuevo.

DON ÁLVARO. Aléjate, aléjate de mí: mis manos
están empapadas de sangre, ¡atrás!

LEONOR. ¿Qué estás diciendo?

DON ÁLVARO. *(Señalando.)*
Ahí yace muerto un hombre.

LEONOR. ¿Le mataste tú?

DON ÁLVARO. Lo intenté todo para evitar la pelea.
Encerré mi vida en el claustro.
Él me encontró y me insultó...; yo le maté.

LEONOR. ¿Quién era?

DON ÁLVARO. ¡Tu hermano!

LEONOR. ¡Gran Dios!
(Corre desesperadamente hacia el bosque.)

DON ÁLVARO. Destino adverso,
¡cómo te burlas de mí!
¡Leonor está viva y la encuentro ahora,
después de derramar la sangre de su hermano!

LEONOR. *(Gritando desde el interior.)* ¡Ah!

DON ÁLVARO. ¡Qué grito! ¿Qué ocurre?
(LEONOR, herida, entra sostenida por el PADRE GUARDIÁN.)
¡Ella… herida!

LEONOR. *(Moribunda.)*
No ha podido perdonar ni en su hora final…
y con mi sangre ha vengado el ultraje.

DON ÁLVARO. ¿Es que no estabas ya satisfecha,
oh venganza divina? ¡Maldición!

GUARDIÁN. *(Con solemnidad.)*
No blasfemes; póstrate
ante Él, que es justo y santo,
que conduce al júbilo eterno
a través de senderos de llanto;
no profieras palabras de ira y furor sacrílegos.
Contempla a este ángel que vuela
hacia el trono del Señor.

LEONOR. *(Con voz moribunda.)* Sí, llora y reza.

DON ÁLVARO. Soy un réprobo, un maldito.
Olas de sangre se alzan entre nosotros.

LEONOR. ¡Llora! ¡Reza!

GUARDIÁN. ¡Arrodíllate!

LEONOR. Yo te prometo el perdón de Dios.

DON ÁLVARO. A tales palabras no puedo resistirme.
(Se arroja a los pies de Leonor.)
¡Leonor, estoy redimido,
el cielo me ha perdonado!

LEONOR Y GUARDIÁN. Alabado seas, Señor.

LEONOR. *(A ÁLVARO.)* Feliz te precedo
a la tierra prometida.
Allí ya no habrá guerras,
santo será el amor.

DON ÁLVARO. ¡Me condenas a vivir
y mientras tanto me abandonas!
¡El culpable, solo el culpable
ha quedado sin castigo!

GUARDIÁN. ¡Que ascienda al Señor
santificada por su martirio,
que su muerte nos mueva
a la fe y a la piedad!

LEONOR. ¡Te espero en el cielo, adiós!

DON ÁLVARO. Ah, no me dejes, Leonor,
no me dejes…

LEONOR. ¡Ah… te precedo… Álvaro… Ah…
Álvar… Ah!
(Muere.)

DON ÁLVARO. ¡Ha muerto!

GUARDIÁN. ¡Ha ascendido hacia Dios!

[Seguimos la traducción de Jorge Luis Wit,
Teatro Real, Madrid, 2000, págs. 86-90]

- Compara esta escena con las dos escenas finales de *Don Álvaro o la fuerza del sino* y señala las diferencias y semejanzas en el número y nombre de los personajes, en el lenguaje y en el desenlace.
- ¿Cuál de los dos finales tiene mayor fuerza romántica?

4. Juan Valera: *El Duque de Rivas* (siglo XIX)

Juan Valera fue un novelista perteneciente al Realismo, no sospechoso, por tanto, de afinidades estéticas con el Duque de Rivas; sin embargo, no cabe duda de lo elogioso del comentario de quien fue en su juventud su secretario.

> Al escribirle, ¿qué se propuso probar o poner de realce el poeta? Yo creo que nada. El duque tenía horror a las tesis como fundamento de poemas. El duque solo se propuso conmover y divertir, y esto lo consiguió. [...] El duque fue, por último, más allá de lo que se propuso, e hizo, a mi ver, ya que no la obra dramática más perfecta, la más simpática, la más deleitosa y la más llena de poesía y de color local de cuantas se han representado en los teatros en todo el siglo XIX. Para alcanzar tanto le valió, más que la reflexión, un instinto feliz y semidivino. Hasta su carácter alegre y su modo optimista de contemplar el mundo y la vida humana, en contraposición con el prurito y el firme empeño de echar en su drama todo el resto de lo romántico, de lo trágico y de lo terrible, dan maravilloso hechizo a su obra. Lo más singular, y nótese bien esto, es que en drama alguno mejor que en *Don Álvaro* están purificados el terror y la compasión, cumpliendo con el precepto de Aristóteles.
>
> [Seguimos la edición de las *Obras Completas,* Madrid, Aguilar, 1961, volumen II, pág. 755]

- ¿Cuáles son los valores que destaca Valera en la obra?
- ¿Qué propósito, según él, guio al Duque de Rivas a realizarla? ¿De qué se sirvió para conseguirlo?

Actividades

5. José Martínez Ruiz, *Azorín: Rivas y Larra (Razón social del Romanticismo en España)* (siglo XX)

Este autor perteneciente a la Generación del 98 realizó numerosos comentarios sobre autores y personajes de nuestra literatura en sus ensayos y artículos. Este es un fragmento del amplio comentario sobre *Don Álvaro o la fuerza del sino* que incluye en el libro citado.

Otra vez el convento de los Ángeles. La tragedia. Se presenta el otro hijo del marqués de Calatrava. (En el acto anterior hemos sabido, al fin, lo que pasó en la noche del rapto, allá en el cortijo sevillano. Hubo pendencia fuera entre don Álvaro y los criados del marqués. Don Álvaro se llevaba a Leonor a un convento; en pleno campo, los criados del marqués le arrebataron a su amada y le hirieron a él. Don Álvaro pasó una larga temporada curándose en un pueblecillo. Luego no pudo saber nada de Leonor.) Ahora el estudiante aquel a quien hemos conocido antaño, viene a retar a don Álvaro. Don Álvaro está retraído, hecho un monje penitente, en el convento. Alfonso sabe –y lo dice a don Álvaro– que los padres del indiano han sido reintegrados a sus elevadísimos honores y preeminencias. Pues, ¿por qué no arreglarlo todo pacífica y racionalmente? ¿Por qué no tratar de remediar, en lo posible, el daño ya hecho? Juntos pueden dedicarse a buscar a Leonor.

No; se baten don Álvaro y Alfonso; este cae mal herido; pide confesión; no puede dársela don Álvaro por hallarse ya implícitamente excomulgado, fuera de la Iglesia, a causa de este duelo; acude don Álvaro al penitente que está en la gruta cercana. (¿Por qué no llegarse al próximo convento? Sería esto más seguro. Además, el penitente, a

Actividades

quien los frailes no han visto ni conocido, ¿qué sabe don Álvaro si es clérigo, si puede confesar al moribundo? Lo lógico sería ir al convento.) El penitente viene; no es un hombre; es una mujer. Don Álvaro y Alfonso la reconocen. Al acercarse Leonor a Alfonso, este le clava un puñal y la mata. Don Álvaro se suicida arrojándose desde lo alto de unas ingentes montañas.

Hay en el postrer acto del *Don Álvaro* un hálito de grandeza, de honda y vibrante tragedia. Nos referimos a la escena de la celda. Son bellas y dramáticas las perplejidades angustiosas por que va pasando el espíritu del protagonista. [...]

En general, el drama del duque de Rivas es una lógica, natural continuación del drama de Calderón y de Lope. Son los mismos procedimientos, la misma falta de observación, la misma incoherencia, la misma superficialidad. ¿Cómo en 1835 no se vio esto? ¿Cómo los que gritaban *revolución* y *escándalo* no vieron que el *Don Álvaro* estaba en todo y por todo dentro de la tradición española? Les desorientó la mezcla de verso y prosa y la intercalación de cuadros breves de costumbres (la posada, el aguaducho, etcétera) en la corriente lírica del drama. No había revolución ninguna sin embargo; todo era igual, todo lo mismo...

[Seguimos la edición de Editorial Renacimiento,
Madrid, 1916, págs. 57-59]

- Azorín pone en tela de juicio ciertos aspectos del desarrollo de la jornada final. ¿Cuáles? ¿Qué ve de ilógico en ellos?
- ¿Por qué considera sorprendente la reacción de parte del público en la representación de la obra?

6. Miguel de Unamuno: *De Fuerteventura a París* (siglo XX)

Unamuno incluyó el siguiente soneto en su libro *De Fuerteventura a París* (1925), fruto de su etapa de destierro en la dictadura de Primo de Rivera, y en esta última ciudad tiene un recuerdo para el *Don Álvaro o la fuerza del sino* del Duque de Rivas.

Desde las tristes márgenes del Sena,
preso en ellas la fuerza del sino,
el Duque, sacudiéndose el destino,
lo arrastró, hecho ya carne, hasta la escena.

A Don Álvaro dio vida la vena
del destierro, le fue caz del molino
de telar este Sena donde el lino
tejió de los ensueños de su pena.

Con las aguas del Sena corrió oscura
la ficción de su historia en este suelo,
tras la mar del olvido, que es su cuna,

y al subir la verdad del Arte al cielo
la gloria de Don Álvaro perdura
y su pasión da a nuestra fe consuelo.

París, 17-X-1925.

[Seguimos la edición del Cabildo Insular de Fuerteventura, 2009]

- El poema alude a un destierro. ¿A qué destierro se refiere? ¿Al del propio Unamuno o al del Duque de Rivas?
- ¿Por qué relaciona a Don Álvaro con el Sena?
- La opinión que se desprende de los versos de Unamuno sobre Don Álvaro ¿es favorable o desfavorable?

7. Francisco Nieva: *Por Don Álvaro (Notas sobre un cordial acercamiento al Romanticismo español)* (siglo XX)

Este dramaturgo y escenógrafo realizó en 1983 un nuevo montaje de *Don Álvaro o la fuerza del sino* que supuso una revolución en el tratamiento del texto clásico del Duque de Rivas. En este fragmento Nieva nos ofrece su particular visión sobre el personaje de Don Álvaro.

Por encima de objetivos méritos literarios, no hay en el romanticismo europeo mejor tipo de «desesperado» que Don Álvaro, y si nuestra desgraciada historia decimonónica y la degradación de nuestra cultura, de nuestra memoria popular y entidad nacional lo olvida y lo someten a un presuntuoso desdén, Verdi se encarga de resucitarlo a través de todos los teatros líricos del mundo. Porque Don Álvaro fue y es «alguien», una enteriza creación romántica española, por ser nueva más valiosa que la resurrección de Don Juan por Zorrilla. Las novedades que aportaba el tipo no tenían el menor precedente, cosa imprescindible para el nacimiento de un personaje emblema. No lo tenían ni en *Werther*. Álvaro va más allá en su casi y sin casi apología del suicidio y en su cólera autodestructiva, en la que niega al mundo o reniega de la creación.

[Seguimos la edición del Teatro Español,
Programa de mano de las representaciones
de la versión de Francisco Nieva, Madrid, 1983]

- ¿Por qué considera Francisco Nieva que el personaje de Don Álvaro es más valioso que el de Don Juan Tenorio?
- ¿Sabes quién era Werther? Infórmate sobre este personaje y averigua la razón de que lo nombre Francisco Nieva en su escrito.

LA EDITORA

Rosa María Sáez Vacas

Licenciada en Filología Románica. Posee el Diploma de Estudios Avanzados en Ciencias de la Información. Tiene una dilatada experiencia en el campo de la docencia como profesora de Lengua y Literatura en Educación Secundaria y Bachillerato. Ha participado en numerosas ediciones de literatura clásica y juvenil, corrigiendo el estilo y elaborando actividades de comprensión lectora. Ha publicado diversos artículos relacionados con el fomento de la lectura, además de la edición de la antología *Cuentos de ayer y de hoy: De Boccaccio a Updike* (Magisterio Casals).

TÍTULOS DE LA COLECCIÓN

1. Alejandro Casona: *Retablo jovial,* edición de Julieta García-Pomareda y Rosa Zambrano

2. Gustavo Adolfo Bécquer: *Rimas y leyendas,* edición de Juan Antonio Bueno Álvarez y Consuelo López Rodríguez

3. *Lazarillo de Tormes,* edición de Milagros Rodríguez Cáceres

4. Antonio Gala: *Anillos para una dama,* edición de Ana Alcolea

5. José Zorrilla: *Don Juan Tenorio,* edición de Felipe B. Pedraza

6. Miguel Delibes: *La risa del Nini y otros textos,* edición de Amparo Medina-Bocos

7. Miguel de Cervantes: *Don Quijote de la Mancha (Selección de aventuras),* edición de Felipe B. Pedraza

8. Ana María Matute: *Una estrella en la piel y otros cuentos,* edición de Julián Moreiro

9. Fernando de Rojas: *La Celestina,* edición de M.ª Ángeles García Serrano

10. Don Juan Manuel: *El conde Lucanor,* edición de Jesús Maire Bobes

11. Antonio Machado: *Campos de Castilla,* edición de Francisco José Arenas Martínez

12. Benito Pérez Galdós: *Marianela,* edición de Adolfo Torrecilla Molinuevo

13. Ángel de Saavedra, Duque de Rivas: *Don Álvaro o la fuerza del sino,* edición de Rosa María Sáez Vacas

Este libro se terminó
de imprimir
en el mes
de abril de 2012